KB066730

인강
할인
이벤트

맛있는 스쿨 🔘 단과 강좌 할인 쿠폰

할인 코드 **jrchina03om**

단과 강좌 할인 쿠폰
20% 할인

할인 쿠폰 사용 안내
1. 맛있는스쿨(cyberjrc.com)에 접속하여 [회원가입] 후 로그인을 합니다.
2. 메뉴中[쿠폰]→하단[쿠폰 등록하기]에 쿠폰번호 입력 → [등록]을 클릭하면 쿠폰이 등록됩니다.
3. [단과] 수강 신청 후, [온라인 쿠폰 적용하기]를 클릭하여 등록된 쿠폰을 사용하세요.
4. 결제 후, [나의 강의실]에서 수강합니다.

쿠폰 사용 시 유의 사항
1. 본 쿠폰은 맛있는스쿨 단과 강좌 결제 시에만 사용이 가능합니다.
2. 본 쿠폰은 타 쿠폰과 중복 할인이 되지 않습니다.
3. 교재 환불 시 쿠폰 사용이 불가합니다.
4. 쿠폰 발급 후 60일 내로 사용이 가능합니다.
*본 쿠폰과 관련된 사항은 맛있는스쿨 고객센터(02-567-3327)로 문의해 주십시오.

전화 화상
할인
이벤트

맛있는 톡 🔘 할인 쿠폰

할인 코드 **jrcphone2qsj**

전화&화상 외국어 할인 쿠폰
10,000원

할인 쿠폰 사용 안내
1. 맛있는톡 전화&화상 중국어(phonejrc.com), 영어(eng.phonejrc.com)에 접속하여 [회원가입] 후 로그인을 합니다.
2. 메뉴中[쿠폰]→하단[쿠폰 등록하기]에 쿠폰번호 입력 → [등록]을 클릭하면 쿠폰이 등록됩니다.
3. 전화&화상 외국어 수강 신청 시 [온라인 쿠폰 적용하기]를 클릭하여 등록된 쿠폰을 사용하세요.

쿠폰 사용 시 유의 사항
1. 본 쿠폰은 전화&화상 외국어 결제 시에만 사용이 가능합니다.
2. 본 쿠폰은 타 쿠폰과 중복 할인이 되지 않습니다.
3. 교재 환불 시 쿠폰 사용이 불가합니다.
4. 쿠폰 발급 후 60일 내로 사용이 가능합니다.
*본 쿠폰과 관련된 사항은 맛있는전화중국어 고객센터(02-567-3327)로 문의해 주십시오.

100만 독자의 선택
맛있는 중국어 시리즈

회화

첫걸음·초급
▶ 중국어 발음과 기본 문형 학습
▶ 중국어 뼈대 문장 학습

초·중급
▶ 핵심 패턴 학습
▶ 언어 4대 영역 종합 학습

맛있는 중국어
Level ❶ 첫걸음

맛있는 중국어
Level ❷ 기초 회화

맛있는 중국어
Level ❸ 초급 패턴1

맛있는 중국어
Level ❹ 초급 패턴2

맛있는 중국어
Level ❺ 스피킹

맛있는 중국어
Level ❻ 중국통

기본서

▶ 재미와 감동, 문화까지 **독해**
▶ 어법과 어감을 통한 **작문**
▶ 60가지 생활 밀착형 회화 **듣기**

▶ 이론과 트레이닝의 결합! **어법**
▶ 듣고 쓰고 말하는 **간체자**

맛있는 중국어 독해 ❶❷

맛있는 중국어 작문 ❶❷

맛있는 중국어 듣기

맛있는 중국어 어법

맛있는 중국어 간체자

비즈니스

맛있는
비즈니스 중국어
Level ❶ 첫걸음

맛있는
비즈니스 중국어
Level ❷ 일상 업무

맛있는
비즈니스 중국어
Level ❸ 중국 출장

맛있는
비즈니스 중국어
Level ❹ 실전 업무

▶ 비즈니스 중국어 초보 탈출! **첫걸음**
▶ 중국인 동료와 의사소통이 가능한 **일상 업무편**
▶ 입국부터 출국까지 완벽 가이드! **중국 출장편**
▶ 중국인과의 거래, 이젠 자신만만! **실전 업무편**

최신 개정 듣고 쓰고 말하는

맛있는 중국어 간체자

JRC 중국어연구소 기획·저

맛있는 books

최신 개정 듣고 쓰고 말하는
맛있는 중국어 간체자

초 판 1쇄 발행 2005년 2월 1일
개정판 1쇄 인쇄 2021년 4월 5일
개정판 1쇄 발행 2021년 4월 15일

기획·저	JRC 중국어연구소
발행인	김효정
발행처	맛있는books
등록번호	제2006-000273호
편집	최정임 l 전유진 l 조해천
디자인	이솔잎
조판	박정현
제작	박선희
영업	강민호 l 장주연
마케팅	이지연
삽화	박은미
녹음	l 중국어 l 위하이펑 l 차오훙메이
	l 한국어 l 오은수

주소	서울 서초구 명달로 54 JRC빌딩 7층
전화	구입문의 02·567·3861 l 02·567·3837
	내용문의 02·567·3860
팩스	02·567·2471
홈페이지	www.booksJRC.com

ISBN	979-11-6148-054-1 14720
	979-11-6148-051-0 (세트)
정가	9,500원

© 맛있는books, 2021

저자와 출판사의 허락 없이 이 책의 일부 또는 전부를 무단 복사·복제·전재·발췌할 수 없습니다.
잘못된 책은 구입처에서 바꿔 드립니다.

간체자, 이젠 즐기세요!

중국어를 처음 배우러 오는 학생들에게서 가장 많이 듣는 질문 중 하나가 "한자를 잘 모르는데 중국어를 공부할 수 있나요?"입니다. 그러면 저는 항상 자신 있게 대답합니다. "그야 당연히 할 수 있죠. 한자 한 글자 몰라도 시작할 수 있어요!" 학생들은 저의 대답에 반신반의하지만, 일단 공부를 시작한 학생들은 금세 제 말이 사실이었음을 알게 됩니다.

중국에서는 간체자를 쓰고 있기 때문에 설명 한자를 제아무리 많이 알고 있는 학생이라도 간체자를 익히는 과정은 피할 수 없습니다. 결국 한자를 많이 아는 학생이나 모르는 학생이나 출발점은 똑같습니다. 하지만 이 출발점은 끝까지 똑같을 수는 없습니다. 한자는 뜻글자이므로 한 글자 한 글자 제대로 익힌 학생과 그렇지 않은 학생은 일정 시간이 흐르고 난 후에는 커다란 격차를 보일 수밖에 없습니다.

모든 것이 그러하듯 기초가 가장 중요하겠죠? 그렇다면 중국어 학습에 있어서 기초는 무엇일까요? 바로 간체자입니다. 쓰고 읽을 줄 아는 과정을 거쳐야만 여러분은 원하는 문장을 마음껏 만들어 낼 수 있습니다.

한자는 솔직합니다. 한자 쓰기를 잠시만 게을리하여도 이내 엉터리 한자를 쓰고 있게 됩니다. 여러분의 손이 부단히 움직여 준다면 여러분은 중국어 기초 공사를 탄탄히 다질 수 있습니다.

『맛있는 중국어 간체자』는 『^{최신개정} 맛있는 중국어 Level ①, ②』를 기본으로 간체자를 정리하였고 각 간체자의 파생어를 함께 제시하여 여러분의 어휘 실력 향상에 도움을 주고자 했습니다. 「체크체크」를 통해 단순히 쓰는 지겨운 교재에서 벗어나 그림을 보고 중국어를 직접 들으며 간체자와 더불어 기초 회화 문장을 익힐 수 있고, 「확인 테스트」를 통해 다시 한 번 간체자를 확실히 여러분의 것으로 만들 수 있습니다. 『맛있는 중국어 간체자』가 성공적인 학습의 좋은 밑거름이 되었으면 합니다.

아울러 좋은 기회를 주신 김효정 대표님과 편집에 힘써 주신 맛있는북스 관계자 여러분께 깊은 감사의 뜻을 전합니다.

JRC 중국어연구소 변지영

차례

맛있는 중국어 Level ❶ 첫걸음

맛있는 중국어 Level ❷ 기초 회화

이 책의 구성 및 학습법

100만 부가 판매된 『**맛있는 중국어**』 회화 시리즈의 기초 단어를 모아 간체자를 구성했습니다. 간체자뿐만 아니라 378개의 **단어**와 150개의 **기초 문장**도 함께 학습할 수 있습니다.

STEP 01 보고, 듣고, 쓰면서 익혀요

1 「**중국어-한국어**」로 구성된 녹음을 들으며 간체자의 발음과 뜻을 익혀요.

2 우리가 쓰는 **번체자**의 훈음도 함께 익혀요.

3 제시된 **획순**에 따라 **간체자**를 정확하게 써보세요.

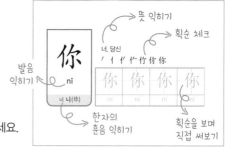

* 눈으로 보고 귀로 들으며 쓰세요. 다 쓴 후에는 녹음을 다시 들으며 입으로 말해 보세요. 기계적으로 쓰지 말고 간체자를 읽으며 의미를 생각하면서 써보세요.

STEP 02 기초 단어를 함께 익혀요

1 가장 많이 쓰는 **단어**로 확장해서 간체자를 익혀요.

2 「**중국어-한국어**」로 구성된 녹음을 들으며 단어를 써보세요.

STEP 03 문장으로 확장해요

1 그림을 보고 녹음을 들으며 문장을 써보세요.

2 문장을 다 쓴 후에는 우리말 해석을 보고 녹음을 다시 들으며 입으로 말해 보세요.

STEP 04 확인 테스트로 마무리해요

4과마다 학습한 내용을 체크할 수 있는 확인 테스트가 제공돼요. 문제를 풀며 스스로 점검해 보세요.

맛있는 간체자

외래어, 다음자 등 간체자와 관련된 정보를 학습할 수 있어요.

찾아보기

163쪽에 수록된 「찾아보기」로 전체 간체자의 발음과 뜻을 복습해 보세요.

🔊 MP3 파일 듣는 방법

방법1

책 속의 **QR 코드**를 **스캔**하면 녹음을 들을 수 있습니다.

방법2

PC에서 **맛있는북스**(www.booksJRC.com) 홈페이지에 로그인한 후 MP3 파일을 다운로드하거나 **콜롬북스 앱**을 이용해서 녹음을 들을 수 있습니다.

한자를 제아무리 많이 안다는 사람도 중국에 발을 내딛는 순간 멍해집니다. 분명 한자는 한자인 것 같은데 무언가 우리가 알고 있는 한자와 다른 모습을 하고 있기 때문이죠. 중국에서 쓰고 있는 한자는 무엇일까요?

중국에서 쓰고 있는 글자 역시 한자입니다. 하지만 중국에서 쓰고 있는 한자는 살을 뺀 한자이죠. 여러분도 한자 하면 어렵고 복잡하다는 생각이 가장 먼저 떠오르죠? 중국에서도 마찬가지였습니다. 그러다 보니 문맹률이 점차 높아져 쓰고 읽을 줄 모르는 사람들이 많아지게 되었죠. 그래서 중국 정부는 필획(筆劃)을 줄이고 자형(字形)을 간단하게 만들었는데, 이것이 바로 오늘날 중국에서 사용하고 있는 한자인 **간체자**(简体字)입니다. 간체자는 1964년에 중국 문자 개혁 위원회와 중국 문화부, 중국 교육부가 연합으로 공포하고 1986년에 수정한 「간화자총표(简化字总表)」를 근거로 한 것입니다.

기존에 사용하던 한자는 복잡하다 해서 **번체자**(繁体字)라고 합니다. 번체자는 타이완, 홍콩뿐만 아니라 동남아 및 해외에 거주하고 있는 화교들이 사용하고 있습니다.

한자를 알고 있더라도 중국어를 학습하기 위해서는 간체자를 익혀야 합니다. 이 말에 한숨짓는 분도 있겠죠? 하지만 그렇게 걱정하지 않아도 됩니다. 아무런 원칙이나 기준도 없이 마음대로 줄이지 않았기 때문입니다. 일정한 간화(简化) 원칙에 따라 줄였기 때문에 간체자를 익히는 일은 그다지 어렵지 않습니다. 오히려 조금만 익히고 나면 간체자의 간단함과 편리함에 여러분도 중국어 공부가 더욱 재미있어질 것입니다.

간체자의 제작 원리

1 획수를 줄여서 간단하게 만든다.

魚 ➡ 鱼　　變 ➡ 变　　勞 ➡ 劳　　單 ➡ 单

2 글자의 일부만을 쓴다.

開 ➡ 开　　飛 ➡ 飞　　業 ➡ 业　　習 ➡ 习
電 ➡ 电　　廣 ➡ 广　　産 ➡ 产　　號 ➡ 号

3 일부분을 간단한 모양으로 바꾼다.

區 ➡ 区　　風 ➡ 风　　漢 ➡ 汉　　難 ➡ 难
劉 ➡ 刘　　對 ➡ 对　　亂 ➡ 乱　　歡 ➡ 欢

4 발음이 같은 글자로 대신한다.

後 hòu ➡ 后 hòu　　　　　　繫 jì ➡ 系 jì
鬪 dòu ➡ 斗 dòu　　　　　　範 fàn ➡ 范 fàn

5 편방만 발음이 같은 글자로 바꾼다.

階 ➡ 阶 : 階 jiē의 일부를 같은 발음인 介 jiè로 대체함

郵 ➡ 邮 : 郵 yóu의 일부를 같은 발음인 由 yóu로 대체함

歷 ➡ 历 : 歷 lì의 일부를 같은 발음인 力 lì로 대체함

遠 ➡ 远 : 遠 yuǎn의 일부를 같은 발음인 元 yuán으로 대체함

種 ➡ 种 : 種 zhǒng의 일부를 같은 발음인 中 zhōng으로 대체함

6 새로 만든다.

淚 ➡ 泪 : 물(氵)과 눈(目)을 합쳐 '눈물'이라는 뜻을 나타냄

筆 ➡ 笔 : 대나무(竹)와 털(毛)을 합쳐 '붓'이라는 뜻을 나타냄

1 왼쪽에서 오른쪽으로 쓴다.

川 ➡ 丿 川 川   处 ➡ 丿 夂 夂 处 处

2 위에서 아래로 쓴다.

三 ➡ 一 二 三   车 ➡ 一 𠂇 车 车

3 가로획과 세로획이 겹칠 때는 가로획을 먼저 쓴다.

十 ➡ 一 十   去 ➡ 一 十 土 耂 去

4 삐침(丿)과 파임(㇏)이 만날 때는 삐침을 먼저 쓴다.

人 ➡ 丿 人   天 ➡ 一 二 开 天

5 좌우가 대칭된 글자는 가운데를 먼저 쓴 후, 왼쪽에서 오른쪽 순서로 쓴다.

水 ➡ 亅 가 水 水   小 ➡ 亅 小 小

6 둘러싼 모양으로 된 글자는 바깥을 먼저 쓴 후, 안쪽을 쓰고 아래 입구를 막는다.

国 ➡ 丨 冂 冂 冃 囯 国 国 国   同 ➡ 丨 冂 冂 冋 同 同

7 글자 전체를 가로 혹은 세로로 꿰뚫는 획은 나중에 쓴다.

中 ➡ 丨 口 口 中   手 ➡ 一 二 三 手

8 오른쪽 위의 점은 맨 나중에 찍는다.

书 ➡ ㇕ ㇆ 书 书   发 ➡ 一 𠂇 岁 发 发

9 책받침(辶)은 나중에 쓴다.

这 ➡ 丶 亠 亠 文 文 汶 这   还 ➡ 一 丆 不 不 不 还 还

10 받침 중에서 走, 是 등은 먼저 쓴다.

起 ➡ 一 十 土 キ ヰ 丰 走 起 起 起

题 ➡ 丨 冂 爿 日 旦 旱 早 昰 是 是 匙 匙 题 题 题

10

정자	간화 형태	예시	
言 말씀 **언**	讠	语 yǔ	说 shuō
爿 장수 **장**	丬	壮 zhuàng	将 jiāng
門 문 **문**	门	问 wèn	间 jiān
食 밥 **식**	饣	饭 fàn	饿 è
糸 실 **사**	纟	红 hóng	给 gěi
馬 말 **마**	马	妈 mā	骑 qí
韋 가죽 **위**	韦	伟 wěi	韩 Hán
車 수레 **거**	车	库 kù	轮 lún
貝 조개 **패**	贝	财 cái	贵 guì
見 볼 **견**	见	现 xiàn	规 guī
風 바람 **풍**	风	飒 sà	飘 piāo
龍 용 **룡**	龙	垄 lǒng	笼 lóng
金 쇠 **금**	钅	铅 qiān	错 cuò
鳥 새 **조**	鸟	鸡 jī	鸣 míng
頁 머리 **혈**	页	项 xiàng	顺 shùn
麥 보리 **맥**	麦	麸 fū	
鹵 염전 **로**	卤	鹾 cuó	
齒 이 **치**	齿	龄 líng	
魚 고기 **어**	鱼	鲜 xiān	鱿 yóu

중국어 발음

◆ 성조

제1성	제2성	제3성	제4성
ā	á	ǎ	à

◆ 성모

b p m	f		
d t n l	g k h	j q x	
zh ch sh r	z c s		

◆ 운모

a o e i u ü   ai ao an ang

ou ong   ei en eng er

ia ie iao iou ian iang iong in ing

ua uo uai uan uang uei uen ueng

üe üan ün

중국어 어순

주어	부사어	술어	관형어	목적어
我	在图书馆	看	汉语	书。
Wǒ	zài túshūguǎn	kàn	Hànyǔ	shū.
나	도서관에서	보다	중국어	책

▶ 나는 도서관에서 중국어 책을 봅니다.

간체자

최신 개정

맛있는 중국어
Level ①

첫걸음

1단계의
간체자를 듣고 쓰고
말하며 익혀요.

你好! 안녕하세요!
Nǐ hǎo!

Track01

你 nǐ
너 니(你)

너, 당신
ノ 亻 亻 亇 亇 你 你

你 你 你 你
nǐ   nǐ   nǐ   nǐ

你们 nǐmen
너희들, 당신들

你 们
nǐ   men

好 hǎo
좋을 호(好)

좋다, 안녕하다
ㄥ 女 女 女 好 好

好 好 好 好
hǎo hǎo hǎo hǎo

你好! Nǐ hǎo!
안녕!

你 好
nǐ   hǎo

再 zài
다시 재(再)

다시
一 丆 冂 丙 再 再

再 再 再 再
zài zài zài zài

再见 zàijiàn
다시 만나요, 안녕

再 见
zài jiàn

见 jiàn
볼 견(见)

만나다, 보(이)다
ㅣ 冂 贝 见

见 见 见 见
jiàn jiàn jiàn jiàn

见你 jiàn nǐ
당신을 만나다

见 你
jiàn nǐ

大
dà
클 대(大)

크다
一 ナ 大

大家 dàjiā 여러분		大 dà	家 jiā

大 dà	大 dà	大 dà	大 dà		

家
jiā
집 가(家)

집, 가정
丶 宀 宀 宀 宁 宇 冢 家 家 家

家人 jiārén 가족, 식구		家 jiā	人 rén

家 jiā	家 jiā	家 jiā	家 jiā		

您
nín
너 님(您)

당신[你의 존칭어]
丿 亻 亻 亻 亇 你 你 您 您 您

您好! Nín hǎo! 안녕하세요!		您 nín	好 hǎo

您 nín	您 nín	您 nín	您 nín		

妈
mā
어미 마(媽)

엄마
乚 夕 女 奵 妈 妈

妈妈 māma 엄마		妈 mā	妈 ma

妈 mā	妈 mā	妈 mā	妈 mā		

爸
bà
아비 파(爸)

아빠
丿 八 父 父 谷 谷 爸 爸

爸爸 bàba 아빠		爸 bà	爸 ba

爸 bà	爸 bà	爸 bà	爸 bà		

姐						姐姐		姐	姐
jiě						jiějie		jiě	jie
손위 누이 저(姐)		누나, 언니				누나, 언니			
		く 女 女 奵 奵 姐 姐 姐							
	姐	姐	姐	姐					
	jiě	jiě	jiě	jiě					

哥						哥哥		哥	哥
gē						gēge		gē	ge
형 가(哥)		형, 오빠				형, 오빠			
		一 丁 〒 〒 〒 哥 哥 哥 哥							
	哥	哥	哥	哥					
	gē	gē	gē	gē					

你 们

你 好

再 见

大 家

家 人

您 好

Track02

🔍 **체크 체크** 녹음을 잘 듣고 한자와 성조를 써보세요.

❶ 안녕!

你	好				
ni hao					

❷ 너희들 안녕!

你	们	好		
nimen hao				

❸ 여러분 안녕하세요!

大	家	好		
dajia hao				

❹ 안녕하세요!

您	好				
nin hao					

❺ 엄마

妈	妈				
mama					

❻ 아빠

爸	爸				
baba					

你忙吗? 당신은 바빠요?
Nǐ máng ma?

Track03

忙
máng
바쁠 망(忙)

바쁘다
` 、 、 、 忄 忄 忙 忙

很忙
hěn máng
(매우) 바쁘다

很	忙
hěn	máng

忙	忙	忙	忙
máng	máng	máng	máng

累
lèi
누 끼칠 루(累)

피곤하다
丨 冂 冃 卑 咢 累 累 累 累 累 累

不累
bú lèi
피곤하지 않다

不	累
bú	lèi

累	累	累	累
lèi	lèi	lèi	lèi

吗
ma
의문조사 마(嗎)

~까?, ~요?
丨 叮 叮 吗 吗

忙吗?
Máng ma?
바빠요?

忙	吗
máng	ma

吗	吗	吗	吗
ma	ma	ma	ma

很
hěn
매우 흔(很)

매우, 아주
丿 彳 彳 扞 扞 扞 很 很 很

很好
hěn hǎo
(매우) 좋다

很	好
hěn	hǎo

很	很	很	很
hěn	hěn	hěn	hěn

不 bù
아닐 부/불(不)

~아니다, ~않다[부정]
一 ブ 不 不

不好
bù hǎo
좋지 않다

不	好
bù	hǎo

不	不	不	不
bù	bù	bù	bù

高 gāo
높을 고(高)

(키가) 크다, 높다
丶 一 ㅗ 亠 产 产 户 高 高 高 高

很高
hěn gāo
(매우) (키가) 크다

很	高
hěn	gāo

高	高	高	高
gāo	gāo	gāo	gāo

矮 ǎi
난쟁이 왜(矮)

(키가) 작다
丿 ㇏ 乍 乍 矢 矢 矢 矫 矫 矫 矮 矮 矮

不矮
bù ǎi
(키가) 작지 않다

不	矮
bù	ǎi

矮	矮	矮	矮
ǎi	ǎi	ǎi	ǎi

渴 kě
목마를 갈(渴)

목마르다
丶 丶 氵 氵 沪 沪 沪 沪 渴 渴 渴 渴

很渴
hěn kě
(매우) 목마르다

很	渴
hěn	kě

渴	渴	渴	渴
kě	kě	kě	kě

饿 è
굶주릴 아(饿)

배고프다
丿 ㇏ ㇏ 饣 饣 饣 饦 饦 饿 饿 饿

不饿
bú è
배고프지 않다

不	饿
bú	è

饿	饿	饿	饿
è	è	è	è

Track04

🔍 체크 체크　녹음을 잘 듣고 한자와 성조를 써보세요.

❶ 바쁘다

忙		很	忙		
mang		hen mang			

❷ (키가) 크다

高		很	高		
gao		hen gao			

❸ (키가) 작다

矮		很	矮		
ai		hen ai			

❹ 목마르다

渴		很	渴		
ke		hen ke			

❺ 배고프다

饿		很	饿		
e		hen e			

❻ 피곤하다

累		很	累		
lei		hen lei			

20

03 과

看不看? 봐요, 안 봐요?
Kàn bu kàn?

Track05

看
kàn
볼 간(看)

보다
一 二 三 チ 手 看 看 看 看

看 看 看 看
kàn kàn kàn kàn

看书
kàn shū
책을 보다

看 书
kàn shū

听
tīng
들을 청(聽)

듣다
丨 丨 丨 丨 丌 听 听 听

听 听 听 听
tīng tīng tīng tīng

听说
tīng shuō
듣자 하니

听 说
tīng shuō

来
lái
올 래(來)

오다
一 一 一 平 平 平 来 来

来 来 来 来
lái lái lái lái

来中国
lái Zhōngguó
중국에 오다

来 中 国
lái Zhōng guó

给
gěi
줄 급(給)

주다, ~에게
乚 乚 纟 纟 纵 纵 纶 给 给 给

给 给 给 给
gěi gěi gěi gěi

给你
gěi nǐ
당신에게 주다

给 你
gěi nǐ

喝 hē 꾸짖을 갈(喝)	마시다 丨 冂 冂 冂 冂 冂 冃 冃 喝 喝 喝 喝			好喝 hǎohē 맛있다[마시는 것]	好 hǎo	喝 hē
	喝 hē	喝 hē	喝 hē	喝 hē		

买 mǎi 살 매(買)	사다 フ フ 豕 豕 买 买			买笔 mǎi bǐ 펜을 사다	买 mǎi	笔 bǐ
	买 mǎi	买 mǎi	买 mǎi	买 mǎi		

看	书								

听	说								

来	中	国							

给	你								

好	喝								

买	笔								

체크 체크

녹음을 잘 듣고 한자와 성조를 써보세요.

Track06

❶ 보다 / 안 보다

看		不	看		
kan		bu kan			

❷ 듣다 / 안 듣다

听		不	听		
ting		bu ting			

❸ 오다 / 안 오다

来		不	来		
lai		bu lai			

❹ 주다 / 안 주다

给		不	给		
gei		bu gei			

❺ 마시다 / 안 마시다

喝		不	喝		
he		bu he			

❻ 사다 / 안 사다

买		不	买		
mai		bu mai			

我是学生。 나는 학생입니다.
Wǒ shì xuésheng.

Track07

是 shì 옳을 시(是)	~이다 ㅣ ㄇ 日 日 旦 토 早 旱 昌 是				不是 bú shì ~이 아니다	不 bú	是 shì
	是 shì	是 shì	是 shì	是 shì			

学 xué 배울 학(學)	배우다 ` ` ` ` ` ` ` 当 当 学 学 学				学生 xuésheng 학생	学 xué	生 sheng
	学 xué	学 xué	学 xué	学 xué			

生 shēng 날 생(生)	낳다 ノ ト ᅡ 生 生				生日 shēngrì 생일	生 shēng	日 rì
	生 shēng	生 shēng	生 shēng	生 shēng			

老 lǎo 늙을 로(老)	늙다 一 十 土 耂 耂 老				老师 lǎoshī 선생님	老 lǎo	师 shī
	老 lǎo	老 lǎo	老 lǎo	老 lǎo			

24

师
shī

스승 사(師)

스승
丨丿厂厂师师师

师	师	师	师		
shī	shī	shī	shī		

师傅
shīfu
숙련공, 기술자

师	傅
shī	fu

公
gōng

공평할 공(公)

공공의, 공평한
丿八公公

公	公	公	公		
gōng	gōng	gōng	gōng		

公园
gōngyuán
공원

公	园
gōng	yuán

司
sī

맡을 사(司)

주관하다
丁刁司司司

司	司	司	司		
sī	sī	sī	sī		

公司
gōngsī
회사

公	司
gōng	sī

职
zhí

직분 직(職)

직무, 직책
一丆丌丑王耳耶职职职职

职	职	职	职		
zhí	zhí	zhí	zhí		

职业
zhíyè
직업

职	业
zhí	yè

员
yuán

인원 원(員)

어떤 분야에 종사하는 사람
丨口口口吊吊员员

员	员	员	员		
yuán	yuán	yuán	yuán		

职员
zhíyuán
직원

职	员
zhí	yuán

韩国(한국)의 약칭

一 十 十 古 古 草 草 卓 卓 草 草 韩

韩国 Hánguó 한국	韩 Hán	国 guó
韩 Hán	韩 Hán	韩 Hán	韩 Hán

나라 이름 한(韓)

나라, 국가

丨 冂 冂 月 闬 国 国 国

国家 guójiā 국가	国 guó	家 jiā
国 guó	国 guó	国 guó	国 guó

나라 국(國)

사람

丿 人

韩国人 Hánguórén 한국인	韩 Hán	国 guó	人 rén
人 rén	人 rén	人 rén	人 rén

사람 인(人)

가운데

丨 冂 冂 中

中国 Zhōngguó 중국	中 Zhōng	国 guó
中 zhōng	中 zhōng	中 zhōng	中 zhōng

가운데 중(中)

아름답다

丶 丷 艹 푸 羊 羊 丰 美 美

美国 Měiguó 미국	美 Měi	国 guó
美 měi	美 měi	美 měi	美 měi

아름다울 미(美)

Track08

체크 체크 녹음을 잘 듣고 한자와 성조를 써보세요.

❶ 학생

学	生				
xuesheng					

❷ 선생님

老	师				
laoshi					

❸ 회사원

公	司	职	员		
gongsi zhiyuan					

❹ 한국인

韩	国	人			
Hanguoren					

❺ 중국인

中	国	人			
Zhongguoren					

❻ 미국인

美	国	人			
Meiguoren					

확인 테스트 1

1 다음 한어병음에 해당하는 한자를 쓰세요.

❶ zàijiàn → _____   ❷ máng → _____

❸ kàn → _____   ❹ hē → _____

❺ xuésheng → _____   ❻ lǎoshī → _____

2 다음 한자의 한어병음을 쓰세요.

❶ 您 → _____   ❷ 妈妈 → _____

❸ 累 → _____   ❹ 渴 → _____

❺ 听 → _____   ❻ 韩国人 → _____

3 다음 문장을 중국어로 쓰세요.

❶ 안녕! → _____

❷ 당신은 피곤합니까? → _____

❸ 엄마는 바쁩니다. → _____

❹ 당신은 듣습니까? → _____

❺ 아빠는 보지 않습니다. → _____

05과

我们吃比萨。 우리 피자 먹어요.
Wǒmen chī bǐsà.

Track09

吃 chī 어눌할 흘(吃)	먹다 丨 丨 丨 ㄣ 吃 吃	好吃 hǎochī 맛있다[먹는 것]	好 hǎo	吃 chī
	吃 chī	吃 chī	吃 chī	吃 chī		

比 bǐ 견줄 비(比)	비교하다, 견주다 一 匕 比 比	比赛 bǐsài 시합, 경기	比 bǐ	赛 sài
	比 bǐ	比 bǐ	比 bǐ	比 bǐ		

萨 sà 보살 살(薩)	음역자 一 艹 艹 艿 萨 萨 萨 萨 萨 萨 萨 萨	比萨 bǐsà 피자	比 bǐ	萨 sà
	萨 sà	萨 sà	萨 sà	萨 sà		

咖 kā 커피 가(咖)	음역자 丨 丨 叮 叮 咖 咖 咖 咖	咖啡 kāfēi 커피	咖 kā	啡 fēi
	咖 kā	咖 kā	咖 kā	咖 kā		

 啡 fēi 커피 배(啡)	음역자 丨 丨 丨 미 미 미 미 미 미 啡 啡 啡	咖啡店 kāfēidiàn 카페, 커피숍	 咖 啡 店 kā · fēi · diàn
	啡 啡 啡 啡 fēi · fēi · fēi · fēi		

 可 kě 옳을 가(可)	~할 수 있다, ~해도 좋다 一 丆 丆 石 可	可口 kěkǒu 입에 맞다	可 口 kě · kǒu
	可 可 可 可 kě · kě · kě · kě		

乐 lè 즐길 락/음악 악(樂)	즐겁다 *'음악'이라는 뜻일 때는 'yuè'로 읽음 一 厂 斥 乐 乐	可乐 kělè 콜라	可 乐 kè · lè
	乐 乐 乐 乐 lè · lè · lè · lè		

 面 miàn 밀가루 면(麵)	밀가루, 국수 一 丆 丆 币 而 而 面 面 面	面包 miànbāo 빵	 面 包 miàn · bāo
	面 面 面 面 miàn · miàn · miàn · miàn		

 包 bāo 쌀 포(包)	싸다, 보따리 丿 勹 勹 勽 包	包子 bāozi 왕만두	包 子 bāo · zi
	包 包 包 包 bāo · bāo · bāo · bāo		

香
xiāng

향기 **향**(香)

향기롭다

一 二 千 千 禾 禾 呑 香 香

香	香	香	香
xiāng	xiāng	xiāng	xiāng

香水
xiāngshuǐ
향수

香	水
xiāng	shuǐ

蕉
jiāo

파초 **쵸**(蕉)

파초

一 十 艹 艹 艿 芷 苎 苴 隹 隹
隹 隹 蕉 蕉

蕉	蕉	蕉	蕉
jiāo	jiāo	jiāo	jiāo

香蕉
xiāngjiāo
바나나

香	蕉
xiāng	jiāo

汉
Hàn

한나라 **한**(漢)

한나라, 한족

` ` ` ` 氵 汈 汉

汉	汉	汉	汉
Hàn	Hàn	Hàn	Hàn

汉语
Hànyǔ
중국어

汉	语
Hàn	yǔ

堡
bǎo

작은 성 **보**(堡)

보루, 작은 성

丿 亻 亻 亻 伊 伊 伊 保 保
保 保 堡

堡	堡	堡	堡
bǎo	bǎo	bǎo	bǎo

汉堡包
hànbǎobāo
햄버거

汉	堡	包
hàn	bǎo	bāo

牛
niú

소 **우**(牛)

소[동물]

丿 ヒ 느 牛

牛	牛	牛	牛
niú	niú	niú	niú

牛奶
niúnǎi
우유

牛	奶
niú	nǎi

奶 nǎi 젖 내(奶)	젖, 유제품 乙 夕 夕 妁 奶				奶茶 nǎichá 밀크티	奶 nǎi	茶 chá
	奶 nǎi	奶 nǎi	奶 nǎi	奶 nǎi			

啤 pí 맥주 비(啤)	음역자 丨 冂 冂 口 口 口 口 口 口 啤 啤 啤				啤酒 píjiǔ 맥주	啤 pí	酒 jiǔ
	啤 pí	啤 pí	啤 pí	啤 pí			

酒 jiǔ 술 주(酒)	술 丶 丶 氵 汀 沂 沂 洒 酒 酒				喝酒 hē jiǔ 술을 마시다	喝 hē	酒 jiǔ
	酒 jiǔ	酒 jiǔ	酒 jiǔ	酒 jiǔ			

체크 체크 녹음을 잘 듣고 한자와 성조를 써보세요.

❶ 피자

比 萨
bisa

❷ 콜라

可 乐
kele

❸ 빵

面 包
mianbao

❹ 바나나

香 蕉
xiangjiao

❺ 햄버거

汉 堡 包
hanbaobao

❻ 커피

咖 啡
kafei

❼ 우유

牛 奶
niunai

❽ 맥주

啤 酒
pijiu

06과

这是什么? 이것은 뭐예요?
Zhè shì shénme?

Track11

这	이(것)	这儿		
zhè	丶 亠 文 文 这 这	zhèr	这	儿
		여기, 이곳	zhè	er

这	这	这	这
zhè	zhè	zhè	zhè

이 저(這)

那	그(것), 저(것)	那儿		
nà	丁 彐 彐 那 那 那	nàr	那	儿
		거기, 저기, 그곳, 저곳	nà	er

那	那	那	那
nà	nà	nà	nà

저 나(那)

什	무엇, 무슨	什么		
shén	丿 亻 仁 什	shénme	什	么
		무엇, 무슨	shén	me

什	什	什	什
shén	shén	shén	shén

열 사람 십(什)

么	접미사	那么		
me	丿 幺 么	nàme	那	么
		그러면, 그렇다면	nà	me

么	么	么	么
me	me	me	me

그런가 마(麼)

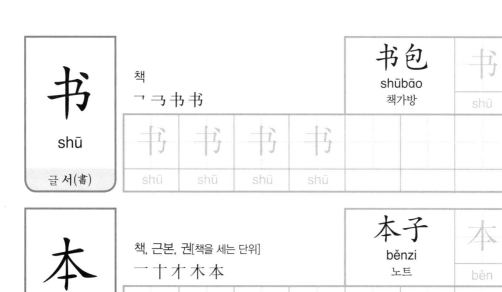

书 shū 글 서(書)

책
一 乛 书 书

书包
shūbāo
책가방

书 shū　书 shū　书 shū　书 shū

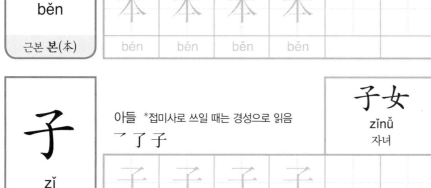

本 běn 근본 본(本)

책, 근본, 권[책을 세는 단위]
一 十 才 木 本

本子
běnzi
노트

本 běn　本 běn　本 běn　本 běn

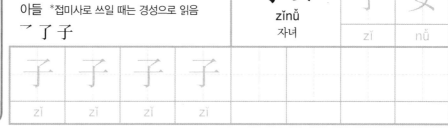

子 zǐ 아들 자(子)

아들 *접미사로 쓰일 때는 경성으로 읽음
乛 了 子

子女
zǐnǚ
자녀

子 zǐ　子 zǐ　子 zǐ　子 zǐ

杯 bēi 잔 배(杯)

컵, 잔
一 十 才 木 杧 杯 杯 杯

杯子
bēizi
컵, 잔

杯 bēi　杯 bēi　杯 bēi　杯 bēi

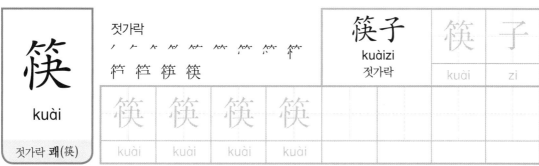

筷 kuài 젓가락 쾌(筷)

젓가락
𠂉 𠂉 𥫗 𥫗 筢 筢 筢 筢
𥫗 𥫗 筷 筷

筷子
kuàizi
젓가락

筷 kuài　筷 kuài　筷 kuài　筷 kuài

물
亅 刀 水 水

水果 shuǐguǒ 과일	水 shuǐ	果 guǒ
水 shuǐ	水 shuǐ	水 shuǐ	水 shuǐ	

과일, 결과
丨 冂 冂 囗 旦 旦 早 果 果

果汁 guǒzhī 과일 주스	果 guǒ	汁 zhī
果 guǒ	果 guǒ	果 guǒ	果 guǒ	

아기, 어린애
ㄑ 女 女 女 女 妒 娃 娃 娃

娃娃 wáwa 인형	娃 wá	娃 wa
娃 wá	娃 wá	娃 wá	娃 wá	

양말, 버선
㇏ ㇇ ㇇ 衤 衤 衤 衤 衤 袜 袜

袜子 wàzi 양말	袜 wà	子 zi
袜 wà	袜 wà	袜 wà	袜 wà	

옷
丶 亠 产 衣 衣 衣

衣服 yīfu 옷	衣 yī	服 fu
衣 yī	衣 yī	衣 yī	衣 yī	

服
fú

옷 복(服)

의복

丿 几 几 月 月' 月 服 服

服务员
fúwùyuán
(서비스업의) 종업원

服	务	员
fú	wù	yuán

服	服	服	服				
fú	fú	fú	fú				

什	么									

书	包									

本	子									

杯	子									

筷	子									

水	果									

袜	子									

衣	服									

Track12

체크 체크 녹음을 잘 듣고 한자와 성조를 써보세요.

❶ 노트

本 子
benzi

❷ 컵, 잔

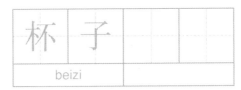
杯 子
beizi

❸ 젓가락

筷 子
kuaizi

❹ 과일

水 果
shuiguo

❺ 인형

娃 娃
wawa

❻ 양말

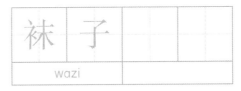
袜 子
wazi

❼ 옷

衣 服
yifu

❽ 책가방

书 包
shubao

38

你去哪儿? 당신은 어디에 가나요?
Nǐ qù nǎr?

Track13

去
qù
갈 거(去)

가다
一 十 土 去 去

去学校
qù xuéxiào
학교에 가다

去 qù	学 xué	校 xiào

去 qù	去 qù	去 qù	去 qù

在
zài
있을 재(在)

~에 있다, ~하고 있다, ~에서
一 ナ 左 在 在 在

在哪儿?
Zài nǎr?
어디에 있나요?

在 zài	哪 nǎr	儿 er

在 zài	在 zài	在 zài	在 zài

哪
nǎ
어찌 나(哪)

어느, 어디
丨 丨丨 叮 叮 叼 唧 唧 哪 哪

哪儿
nǎr
어디, 어느 곳

哪 nǎ	儿 er

哪 nǎ	哪 nǎ	哪 nǎ	哪 nǎ

儿
ér
아이 아(兒)

아이 *접미사로 쓰일 때는 경성으로 읽음
丿 儿

儿子
érzi
아들

儿 ér	子 zi

儿 ér	儿 ér	儿 ér	儿 ér

校
xiào

학교 교(校)

학교
一 十 才 木 术 杧 杧 栌 栌 校

学校 xuéxiào 학교	学	校
	xué	xiào

校	校	校	校
xiào	xiào	xiào	xiào

图
tú

그림 도(圖)

그림, 계획하다
丨 冂 冂 囚 図 图 图 图

图书馆 túshūguǎn 도서관	图	书	馆
	tú	shū	guǎn

图	图	图	图
tú	tú	tú	tú

馆
guǎn

집 관(館)

여관, 식당, 호텔
ノ 丷 饣 仾 仾 竹 饣 馆
馆 馆 馆

饭馆儿 fànguǎnr 음식점, 식당	饭	馆	儿
	fàn	guǎn	er

馆	馆	馆	馆
guǎn	guǎn	guǎn	guǎn

银
yín

은 은(銀)

은화, 은색
ノ 𠂉 𠂊 钅 钅 钅 钜 钜 钜 银 银 银

银行 yínháng 은행	银	行
	yín	háng

银	银	银	银
yín	yín	yín	yín

行
háng

항렬 항/다닐 행(行)

직업, 상점
*'걷다'라는 뜻일 때는 'xíng'으로 읽음
ノ ノ 彳 彳 行 行

行业 hángyè 업무, 직업	行	业
	háng	yè

行	行	行	行
háng	háng	háng	háng

| 医
yī
의원 의(醫) | 의사, 치료하다
一 ァ ァ 万 互 妥 医 | 医生
yīshēng
의사 | 医
yī | 生
shēng |
| | 医 医 医 医
yī　　yī　　yī　　yī | | | |

| 院
yuàn
집 원(院) | 뜰, 공공장소
乛 阝 阝 阝 阶 贮 贮 院 院 | 医院
yīyuàn
병원 | 医
yī | 院
yuàn |
| | 院 院 院 院
yuàn　yuàn　yuàn　yuàn | | | |

| 超
chāo
뛰어넘을 초(超) | 초과하다, 넘다
一 十 土 キ キ 走 走 起 起 起
超 超 | 超市
chāoshì
마트, 슈퍼마켓 | 超
chāo | 市
shì |
| | 超 超 超 超
chāo　chāo　chāo　chāo | | | |

| 市
shì
저자 시(市) | 시장, 도시
丶 亠 亠 市 市 | 市场
shìchǎng
시장 | 市
shì | 场
chǎng |
| | 市 市 市 市
shì　shì　shì　shì | | | |

| 饭
fàn
밥 반(飯) | 밥, 식사
丿 饣 饣 饣 饣 饦 饭 饭 | 吃饭
chī fàn
밥을 먹다 | 吃
chī | 饭
fàn |
| | 饭 饭 饭 饭
fàn　fàn　fàn　fàn | | | |

Track14

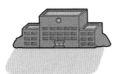
❶ 학교

学	校		
xuexiao			

❷ 도서관

图	书	馆	
tushuguan			

❸ 회사

公	司		
gongsi			

❹ 은행

银	行		
yinhang			

❺ 병원

医	院		
yiyuan			

❻ 마트, 슈퍼마켓

超	市		
chaoshi			

❼ 음식점, 식당

饭	馆	儿	
fanguanr			

체크 체크 녹음을 잘 듣고 한자와 성조를 써보세요.

42

08 과

你有女朋友吗? 당신은 여자 친구가 있어요?
Nǐ yǒu nǚpéngyou ma?

Track15

有 yǒu 있을 유(有)	(가지고) 있다 一 ナ 广 冇 有 有	有没有? Yǒu méiyǒu? 있어요, 없어요?	有 yǒu	没 méi	有 yǒu
		有 yǒu	有 yǒu	有 yǒu	有 yǒu

没 méi 빠질 몰(没)	없다, ~하지 않다 丶 丶 氵 氵 沪 沪 没	没有 méiyǒu 없다	没 méi	有 yǒu	
		没 méi	没 méi	没 méi	没 méi

女 nǚ 여자 녀(女)	여자 く 女 女	女朋友 nǚpéngyou 여자 친구	女 nǚ	朋 péng	友 you
		女 nǚ	女 nǚ	女 nǚ	女 nǚ

朋 péng 벗 붕(朋)	친구 丿 刀 月 月 月 朋 朋 朋	朋友 péngyou 친구	朋 péng	友 you	
		朋 péng	朋 péng	朋 péng	朋 péng

友 yǒu 벗 우(友)	친구 一 ナ 方 友	老朋友 lǎopéngyou 친한 친구	老 lǎo	朋 péng	友 you
	友 yǒu	友 yǒu	友 yǒu	友 yǒu	

男 nán 사내 남(男)	남자 丨 冂 甲 冊 田 甲 男	男朋友 nánpéngyou 남자 친구	男 nán	朋 péng	友 you
	男 nán	男 nán	男 nán	男 nán	

床 chuáng 평상 상(床)	침대 丶 亠 广 广 庄 庄 床	床单 chuángdān 시트, 침대보	床 chuáng	单 dān	
	床 chuáng	床 chuáng	床 chuáng	床 chuáng	

桌 zhuō 탁자 탁(桌)	탁자, 테이블 丨 匕 广 卢 卓 卓 卓 直 卓 桌 桌	桌子 zhuōzi 탁자, 테이블	桌 zhuō	子 zi	
	桌 zhuō	桌 zhuō	桌 zhuō	桌 zhuō	

椅 yǐ 의자 의(椅)	의자 一 十 十 术 术 栌 栌 栌 栌 椅 椅 椅	椅子 yǐzi 의자	椅 yǐ	子 zi	
	椅 yǐ	椅 yǐ	椅 yǐ	椅 yǐ	

电
diàn
번개 전(電)

전기

丨 冂 冂 月 电

电视
diànshì
텔레비전, TV

电	视
diàn	shì

电	电	电	电
diàn	diàn	diàn	diàn

视
shì
볼 시(視)

보다

丶 亅 亅 衤 衤 衤 视 视

视频
shìpín
동영상

视	频
shì	pín

视	视	视	视
shì	shì	shì	shì

脑
nǎo
골 뇌(腦)

뇌, 두뇌

丿 刀 月 月 肝 肝 肝 脑 脑

电脑
diànnǎo
컴퓨터

电	脑
diàn	nǎo

脑	脑	脑	脑
nǎo	nǎo	nǎo	nǎo

空
kōng
빌 공(空)

비다

丶 宀 宀 宀 宀 空 空 空

天空
tiānkōng
하늘

天	空
tiān	kōng

空	空	空	空
kōng	kōng	kōng	kōng

调
tiáo
고를 조(调)

고르다, 조절하다

丶 讠 讠 讠 调 调 调 调 调

空调
kōngtiáo
에어컨

空	调
kōng	tiáo

调	调	调	调
tiáo	tiáo	tiáo	tiáo

手 shǒu 손 수(手)	손 一 二 三 手				手机 shǒujī 핸드폰		手 shǒu	机 jī
	手 shǒu	手 shǒu	手 shǒu	手 shǒu				

机 jī 틀 기(機)	기계 一 十 才 木 朴 机				机场 jīchǎng 공항		机 jī	场 chǎng
	机 jī	机 jī	机 jī	机 jī				

有	没	有						

女	朋	友						

男	朋	友						

桌	子							

椅	子							

手	机							

46

체크 체크 녹음을 잘 듣고 한자와 성조를 써보세요.

❶ 침대

床			
chuang			

❷ 탁자, 테이블

桌	子		
zhuozi			

❸ 의자

椅	子		
yizi			

❹ 텔레비전, TV

电	视		
dianshi			

❺ 컴퓨터

电	脑		
diannao			

❻ 에어컨

空	调		
kongtiao			

❼ 핸드폰

手	机		
shouji			

1 다음 한어병음에 해당하는 한자를 쓰세요.

❶ kāfēi ➡ ＿＿＿＿＿＿＿＿＿＿ ❷ kělè ➡ ＿＿＿＿＿＿＿＿＿＿

❸ shūbāo ➡ ＿＿＿＿＿＿＿＿＿＿ ❹ xuéxiào ➡ ＿＿＿＿＿＿＿＿＿＿

❺ zhuōzi ➡ ＿＿＿＿＿＿＿＿＿＿ ❻ diànnǎo ➡ ＿＿＿＿＿＿＿＿＿＿

2 다음 한자의 한어병음을 쓰세요.

❶ 比萨 ➡ ＿＿＿＿＿＿＿＿＿＿ ❷ 香蕉 ➡ ＿＿＿＿＿＿＿＿＿＿

❸ 图书馆 ➡ ＿＿＿＿＿＿＿＿＿＿ ❹ 超市 ➡ ＿＿＿＿＿＿＿＿＿＿

❺ 空调 ➡ ＿＿＿＿＿＿＿＿＿＿ ❻ 床 ➡ ＿＿＿＿＿＿＿＿＿＿

3 다음 문장을 중국어로 쓰세요.

❶ 당신은 커피를 마셔요? ➡ ＿＿＿＿＿＿＿＿＿＿＿＿＿＿＿＿＿＿＿

❷ 아빠는 빵을 먹습니다. ➡ ＿＿＿＿＿＿＿＿＿＿＿＿＿＿＿＿＿＿＿

❸ 이것은 책이 아닙니다. 저것이 책입니다.

➡ ＿＿＿＿＿＿＿＿＿＿＿＿＿＿＿＿＿＿＿＿＿＿＿＿＿＿＿＿＿＿＿

❹ 엄마는 은행에 갑니다. ➡ ＿＿＿＿＿＿＿＿＿＿＿＿＿＿＿＿＿＿＿

❺ 당신은 핸드폰이 있어요? ➡ ＿＿＿＿＿＿＿＿＿＿＿＿＿＿＿＿＿＿＿

🧋 맛있는 간체자 1 　숫자&가족

Track17

/ 숫자 /

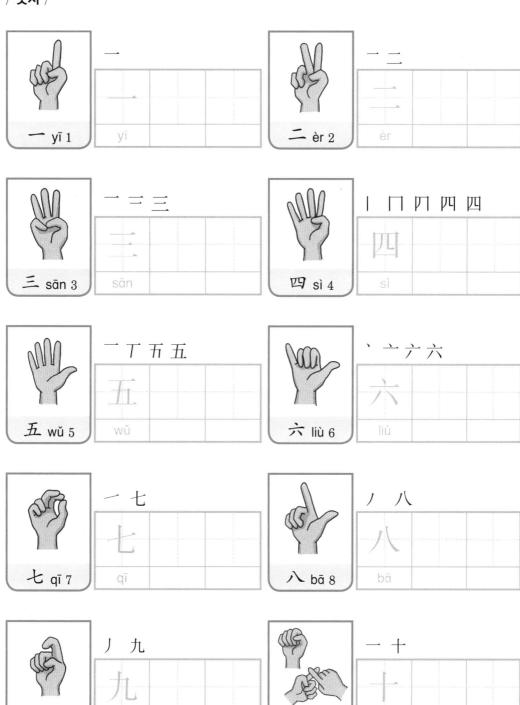

/ 가족 /

Track18

❶ 할아버지

爷 爷
yéye

❷ 할머니

奶 奶
nǎinai

❸ 아빠

爸 爸
bàba

❹ 엄마

妈 妈
māma

❺ 형, 오빠

哥 哥
gēge

❻ 누나, 언니

姐 姐
jiějie

❼ 남동생

弟 弟
dìdi

❽ 여동생

妹 妹
mèimei

我们都不去。 우리는 모두 가지 않아요.

Wǒmen dōu bú qù.

Track19

我 wǒ	나 一 一 于 手 手 扎 我 我	我们 wǒmen 우리들	我 wǒ	们 men
나 아(我)	我 wǒ / 我 wǒ / 我 wǒ / 我 wǒ			

们 men	~들[복수접미사] 丿 亻 亻 们 们	它们 tāmen 그것들	它 tā	们 men
들 문(們)	们 men / 们 men / 们 men / 们 men			

他 tā	그 丿 亻 亻 他 他	他们 tāmen 그들	他 tā	们 men
남 타(他)	他 tā / 他 tā / 他 tā / 他 tā			

她 tā	그녀 乚 夂 女 妇 她 她	她们 tāmen 그녀들	她 tā	们 men
그녀 타(她)	她 tā / 她 tā / 她 tā / 她 tā			

也
yě

어조사 야(也)

~도, 또한

コ 九 也

也	也	也	也		
yě	yě	yě	yě		

也好 yě hǎo 역시 좋다		也	好	
		yě	hǎo	

都
dōu

도읍 도(都)

모두

一 十 土 耂 耂 者 者 者 都 都

都	都	都	都		
dōu	dōu	dōu	dōu		

都好 dōu hǎo 모두 좋다		都	好	
		dōu	hǎo	

我	们						

它	们						

他	们						

她	们						

也	好						

都	好						

Track20

체크 체크 녹음을 잘 듣고 한자와 성조를 써보세요.

❶ 누나는 사고, 형은 사지 않습니다.

Jiejie mai, gege bu mai.

❷ 할아버지는 듣고, 할머니는 듣지 않습니다.

Yeye ting, nainai bu ting.

❸ 남동생은 먹고, 여동생도 먹습니다. 그들은 모두 먹습니다.

Didi chi, meimei ye chi. Tamen dou chi.

❹ 엄마는 마시지 않고, 아빠도 마시지 않습니다. 그들은 모두 마시지 않습니다.

Mama bu he, baba ye bu he. Tamen dou bu he.

❺ 할머니는 보지 않고, 할아버지도 보지 않습니다. 그들은 모두 보지 않습니다.

Nainai bu kan, yeye ye bu kan. Tamen dou bu kan.

10과

哪个好看? 어느 것이 예쁜가요?
Nǎge hǎokàn?

Track21

个
gè

낱 개(個)

개, 명
[사람이나 전용 양사가 없는 명사를 세는 단위]
ノ 人 个

个	个	个	个		
gè	gè	gè	gè		

这个
zhège
이것

这	个
zhè	ge

贵
guì

귀할 귀(貴)

비싸다
丨 ㅁ ㅁ 虫 虫 虫 畳 贵 贵

贵	贵	贵	贵		
guì	guì	guì	guì		

很贵
hěn guì
(매우) 비싸다

很	贵
hěn	guì

太
tài

클 태(太)

너무, 아주
一 ナ 大 太

太	太	太	太		
tài	tài	tài	tài		

不太
bú tài
그다지 ~하지 않다

不	太
bú	tài

最
zuì

가장 최(最)

가장, 제일
丨 ㅁ ㅁ 日 旦 旦 咠 昌 昌 昌 最 最

最	最	最	最		
zuì	zuì	zuì	zuì		

最好
zuì hǎo
가장 좋다

最	好
zuì	hǎo

多
duō

많을 다(多)

많다

ノ ク 夕 夕 多 多

太多
tài duō
너무 많다

多 多 多 多

duō duō duō duō

tài duō

困
kùn

궁할 곤(困)

졸리다

丨 冂 冃 用 闲 困 困

不太困
bú tài kùn
그다지 졸리지 않다

困 困 困 困

kùn kùn kùn kùn

bú tài kùn

非
fēi

아닐 비(非)

～이 아니다, ～에 맞지 않다

丨 丨 丬 彐 彐 非 非 非

非常
fēicháng
대단히, 몹시

非 非 非 非

fēi fēi fēi fēi

fēi cháng

常
cháng

항상 상(常)

일반적인, 자주

丨 丷 业 꾸 常 常 常 芦 营 常

常常
chángcháng
늘, 항상

常 常 常 常

cháng cháng cháng cháng

cháng cháng

체크 체크　녹음을 잘 듣고 한자와 성조를 써보세요.

Track22

❶ 핸드폰은 대단히 비싸고, 노트는 비싸지 않습니다.

Shouji feichang gui, benzi bu gui.

❷ 빵은 맛있고, 피자는 그다지 맛있지 않습니다.

Mianbao hen haochi, bisa bu tai haochi.

❸ 남동생은 굉장히 배고프고, 여동생은 배고프지 않습니다.

Didi feichang e, meimei bu e.

❹ 학생은 졸리고, 선생님도 졸립니다.

Xuesheng hen kun, laoshi ye hen kun.

❺ 맥주는 그다지 맛있지 않고, 커피도 그다지 맛있지 않습니다.

Pijiu bu tai haohe, kafei ye bu tai haohe.

맛있는 중국어 1

11과

你学什么? 당신은 무엇을 배워요?
Nǐ xué shénme?

Track23

怎 zěn 어찌 즘(怎)	어째서, 어떻게 ' ⺈ ⺈ ⺁ ⺁ ⺁ 乍 怎 怎 怎	怎么 zěnme 어떻게	怎 zěn	么 me
	怎 zěn	怎 zěn	怎 zěn	怎 zěn

样 yàng 모양 양(樣)	모양, 본보기 一 十 才 木 杧 杧 杧 栏 栏 样	怎么样 zěnmeyàng 어떠하다	怎 zěn	么 me	样 yàng
	样 yàng	样 yàng	样 yàng	样 yàng

语 yǔ 말씀 어(語)	말 丶 讠 订 订 评 评 语 语 语	韩(国)语 Hán(guó)yǔ 한국어	韩 Hán	国 guó	语 yǔ
	语 yǔ	语 yǔ	语 yǔ	语 yǔ

意 yì 뜻 의(意)	생각, 뜻 丶 亠 亠 立 产 产 音 音 音 音 意 意 意	意思 yìsi 의미, 재미	意 yì	思 si
	意 yì	意 yì	意 yì	意 yì

思
sī
생각 사(思)

생각하다, 그리워하다
丨 冂 厈 甲 田 甲
思 思 思

有意思
yǒu yìsi
재미있다

有	意	思
yǒu	yì	si

思	思	思	思
sī	sī	sī	sī

蛋
dàn
새알 단(蛋)

알
一 丆 丆 疋 疋 疋 呸 呸 蛋 蛋 蛋

鸡蛋
jīdàn
달걀

鸡	蛋
jī	dàn

蛋	蛋	蛋	蛋
dàn	dàn	dàn	dàn

糕
gāo
떡 고(糕)

떡, 케이크
丶 丷 丷 米 米 米 米 粁 粁
粁 糕 糕 糕 糕 糕

蛋糕
dàngāo
케이크

蛋	糕
dàn	gāo

糕	糕	糕	糕
gāo	gāo	gāo	gāo

写
xiě
베낄 사(寫)

쓰다
丶 冖 写 写 写

写字
xiě zì
글자를 쓰다

写	字
xiě	zì

写	写	写	写
xiě	xiě	xiě	xiě

字
zì
글자 자(字)

글자
丶 丷 宀 字 字 字

汉字
Hànzì
한자

汉	字
Hàn	zì

字	字	字	字
zì	zì	zì	zì

做 zuò	하다 / 亻 亻 什 什 估 估 俏 俏 做 做	做菜 zuò cài 요리를 하다	做 zuò	菜 cài
지을 주(做)	做 zuò / 做 zuò / 做 zuò / 做 zuò			

菜 cài	요리, 음식 一 艹 艹 艹 艹 艹 荅 苹 菜 菜	菜单 càidān 메뉴	菜 cài	单 dān
나물 채(菜)	菜 cài / 菜 cài / 菜 cài / 菜 cài			

茶 chá	채[음료] 一 艹 艹 艹 艹 苓 茶 茶	中国茶 Zhōngguó chá 중국차	中 Zhōng	国 guó	茶 chá
차 차/다(茶)	茶 chá / 茶 chá / 茶 chá / 茶 chá				

说 shuō	말하다 ` 讠 讠 讠 讠 说 说 讱 说	说汉语 shuō Hànyǔ 중국어를 말하다	说 shuō	汉 Hàn	语 yǔ
말씀 설(說)	说 shuō / 说 shuō / 说 shuō / 说 shuō				

Track24

체크 체크
녹음을 잘 듣고 한자와 성조를 써보세요.

❶ 그는 한국어로 말하고, 선생님은 중국어로 말합니다.

> Ta shuo Han(guo)yu, laoshi shuo Hanyu.

❷ 여동생은 케이크를 먹고, 남동생은 빵을 먹습니다.

> Meimei chi dangao, didi chi mianbao.

❸ 할아버지는 맥주를 마시고, 할머니는 차를 마십니다.

> Yeye he pijiu, nainai he cha.

❹ 누나는 옷을 사고, 형은 양말을 삽니다.

> Jiejie mai yifu, gege mai wazi.

❺ 아빠는 TV를 보고, 엄마는 책을 봅니다.

> Baba kan dianshi, mama kan shu.

60

12 과

她是谁? 그녀는 누구예요?
Tā shì shéi?

Track25

谁 shéi(shuí) 누구 수(誰)	누구 `丶 讠 讠 讠 讠 讠 讠 讠 谁 谁`	谁的 shéi de 누구 것	谁 shéi	的 de
	谁 shéi	谁 shéi	谁 shéi	谁 shéi		

的 de 과녁 적(的)	~의, ~한 [수식 관계를 나타내는 조사] `丿 亻 亻 白 白 白 的 的`	我的书 wǒ de shū 나의 책	我 wǒ	的 de	书 shū
	的 de	的 de	的 de	的 de			

同 tóng 같을 동(同)	같다, 동일하다 `丨 冂 冂 同 同 同`	同学 tóngxué 학우, 학교 친구	同 tóng	学 xué
	同 tóng	同 tóng	同 tóng	同 tóng		

护 hù 지킬 호(護)	지키다, 보호하다 `一 亅 扌 扩 护 护 护`	护照 hùzhào 여권	护 hù	照 zhào
	护 hù	护 hù	护 hù	护 hù		

士	전문 기술을 가진 사람				护士	护	士
shì	一 十 士				hùshi	hù	shi
선비 사(士)					간호사		

| 士 | 士 | 士 | 士 | | | | |
| shì | shì | shì | shì | | | | |

谁	的									
我	的	书								
同	学									
护	照									
护	士									

62

🔍 체크 체크   녹음을 잘 듣고 한자와 성조를 써보세요.

❶ 동민의 엄마는 간호사입니다.

Dongmin de mama shi hushi.

❷ 동민의 할아버지는 의사입니다.

Dongmin de yeye shi yisheng.

❸ 그녀는 동민의 중국 친구입니다.

Ta shi Dongmin de Zhongguo pengyou.

❹ 그는 남동생의 선생님입니다.

Ta shi didi de laoshi.

❺ 그녀는 형의 여자 친구입니다.

Ta shi gege de nüpengyou.

1 다음 한어병음에 해당하는 한자를 쓰세요.

❶ guì → _____   ❷ Hànzì → _____

❸ yě → _____   ❹ fēicháng → _____

❺ kùn → _____   ❻ yǒu yìsi → _____

2 다음 한자의 한어병음을 쓰세요.

❶ 他们 → _____   ❷ 最 → _____

❸ 蛋糕 → _____   ❹ 做菜 → _____

❺ 写 → _____   ❻ 护士 → _____

3 다음 문장을 중국어로 쓰세요.

❶ 나는 사지 않고, 그녀도 사지 않습니다. → _____

❷ 나는 그다지 졸리지 않습니다. → _____

❸ 형은 중국차를 마십니다. → _____

❹ 그는 누구예요? → _____

❺ 엄마는 의사가 아니라 간호사입니다. → _____

咖啡店在哪儿? 카페는 어디에 있나요?
Kāfēidiàn zài nǎr?

Track27

店 diàn 가게 점(店)	상점, 가게 丶 宀 广 广 庐 庐 店 店 店　店　店　店 diàn　diàn　diàn　diàn	书店 shūdiàn 서점	书 店 shū　diàn

就 jiù 나아갈 취(就)	바로 丶 宀 广 古 古 亨 亨 京 京 京 就 就 就 就　就　就　就 jiù　jiù　jiù　jiù	就是 jiù shì 바로 ~이다	就 是 jiù　shì

网 wǎng 그물 망(網)	그물, 인터넷 丨 冂 冂 冈 网 网 网　网　网　网 wǎng　wǎng　wǎng　wǎng	网球 wǎngqiú 테니스	网 球 wǎng　qiú

吧 bā / ba 아이 다툴 파(吧)	음역자 / ~하세요, ~합시다 丨 口 口 吖 吖 吧 吧 吧　吧　吧　吧 bā　ba　bā　ba	网吧 wǎngbā PC방	网 吧 wǎng　bā

鞋
xié

신 혜(鞋)

신발

一 十 十 丗 丗 丗 丗 丗 革 革 革 革 鞋 鞋 鞋 鞋

皮鞋		
píxié	
가죽 구두	
皮	鞋
pí	xié

鞋	鞋	鞋	鞋
xié	xié	xié	xié

首
shǒu

머리 수(首)

머리, 최고의

丶 丷 艹 艹 产 产 首 首 首

首都		
shǒudū	
수도	
首	都
shǒu	dū

首	首	首	首
shǒu	shǒu	shǒu	shǒu

尔
ěr

너 이(爾)

이, 그

丿 丶 仴 尒 尔

首尔		
Shǒu'ěr	
서울	
首	尔
Shǒu	ěr

尔	尔	尔	尔
ěr	ěr	ěr	ěr

釜
fǔ

가마 부(釜)

가마, 솥

丿 八 仝 父 仌 仌 全 釜 釜 釜

釜山		
Fǔshān	
부산	
釜	山
Fǔ	shān

釜	釜	釜	釜
fǔ	fǔ	fǔ	fǔ

山
shān

뫼 산(山)

산

丨 山 山

爬山		
pá shān	
등산하다	
爬	山
pá	shān

山	山	山	山
shān	shān	shān	shān

麦
mài

보리 맥(麥)

보리 종류

一 二 丰 圭 声 麦 麦

麦当劳
Màidāngláo
맥도날드

麦	当	劳
Mài	dāng	láo

麦	麦	麦	麦		
mài	mài	mài	mài		

当
dāng

마땅할 당(當)

담당하다, 맡다

⺌ ⺌ ⺌ 当 当 当

当然
dāngrán
물론이다

当	然
dāng	rán

当	当	当	当		
dāng	dāng	dāng	dāng		

劳
láo

일할 로(勞)

일하다, 노동하다

一 十 艹 ⺊ 芦 芳 劳

劳动节
Láodòng Jié
노동절

劳	动	节
Láo	dòng	Jié

劳	劳	劳	劳		
láo	láo	láo	láo		

星
xīng

별 성(星)

별

丨 冂 冃 冃 日 旦 旦 星 星

明星
míngxīng
스타

明	星
míng	xīng

星	星	星	星		
xīng	xīng	xīng	xīng		

巴
bā

땅 이름 파(巴)

음역자

フ フフ 刀 巴

巴士
bāshì
버스

巴	士
bā	shì

巴	巴	巴	巴		
bā	bā	bā	bā		

克
kè

이길 극(克)

극복하다

一十十古古古克克

星巴克
Xīngbākè
스타벅스

星	巴	克
Xīng	bā	kè

克	克	克	克		
kè	kè	kè	kè		

书	店							

网	吧							

皮	鞋							

首	尔							

釜	山							

麦	当	劳						

当	然							

星	巴	克						

체크 체크   녹음을 잘 듣고 한자와 성조를 써보세요.

Track28

❶ 아빠는 은행에 갑니다.

Baba qu yinhang.

❷ 엄마는 서점에 갑니다.

Mama qu shudian.

❸ 할아버지, 할머니는 병원에 갑니다.

Yeye, nainai qu yiyuan.

❹ 형은 스타벅스에 갑니다.

Gege qu Xingbake.

❺ 여동생은 맥도날드에 갑니다.

Meimei qu Maidanglao.

❻ 남동생은 PC방에 갑니다.

Didi qu wangba.

13과 咖啡店在哪儿? **69**

现在几点? 지금 몇 시예요?
Xiànzài jǐ diǎn?

Track29

现 xiàn 나타날 현(現)	현재 一 二 チ 王 王 玑 玒 现 现 现 现 现 xiàn xiàn xiàn xiàn	现在 xiànzài 지금, 현재	现 xiàn	在 zài

几 jǐ 얼마 기(幾)	몇[10 미만의 수를 물을 때 쓰임] 丿 几 几 几 几 几 jǐ jǐ jǐ jǐ	几点 jǐ diǎn 몇 시	几 jǐ	点 diǎn

点 diǎn 점 점(點)	(시각의) 시 丨 丨 丨 占 占 卢 点 点 点 点 点 点 点 diǎn diǎn diǎn diǎn	三点 sān diǎn 3시	三 sān	点 diǎn

上 shàng 위 상(上)	위, 오르다 丨 卜 上 上 上 上 上 shàng shàng shàng shàng	上课 shàng kè 수업하다	上 shàng	课 kè

课
kè

시험할 과(课)

수업, 과
丶 讠 订 评 评 评 评
评 课 课

第一课	第	一	课
dì-yī kè			
제1과	dì	yī	kè

课	课	课	课	
kè	kè	kè	kè	

下
xià

아래 하(下)

아래, 내려가다
一 丁 下

	下课	下	课
	xià kè		
	수업이 끝나다	xià	kè

下	下	下	下	
xià	xià	xià	xià	

半
bàn

절반 반(半)

반, 절반
丶 丷 半 兰 半

五点半	五	点	半
wǔ diǎn bàn			
5시 반	wǔ	diǎn	bàn

半	半	半	半	
bàn	bàn	bàn	bàn	

零
líng

영 령(零)

영(0)
一 广 户 币 币 币 币
币 币 零 零 零 零

零五分	零	五	分
líng wǔ fēn			
5분	líng	wǔ	fēn

零	零	零	零	
líng	líng	líng	líng	

分
fēn

나눌 분(分)

(시간의) 분
丿 八 分 分

	几分	几	分
	jǐ fēn		
	몇 분	jǐ	fēn

分	分	分	分	
fēn	fēn	fēn	fēn	

刻 kè 새길 각(刻)	15분 丶 亠 亠 亥 亥 亥 刻 刻	一刻 yí kè 15분	一 yí	刻 kè
	刻 kè	刻 kè	刻 kè	刻 kè

班 bān 나눌 반(班)	반, 그룹, 근무 一 二 干 干 玨 玨 玎 珏 班 班	上班 shàng bān 출근하다	上 shàng	班 bān
	班 bān	班 bān	班 bān	班 bān

起 qǐ 일어날 기(起)	일어나다 一 十 土 キ キ キ 走 起 起 起	起床 qǐ chuáng 일어나다, 기상하다	起 qǐ	床 chuáng
	起 qǐ	起 qǐ	起 qǐ	起 qǐ

睡 shuì 잠잘 수(睡)	자다 丨 冂 冃 目 目 盯 盯 盱 睡 睡 睡 睡	睡觉 shuì jiào 잠자다	睡 shuì	觉 jiào
	睡 shuì	睡 shuì	睡 shuì	睡 shuì

觉 jiào 깰 교(覺)	잠 丶 丷 丷 覚 覚 覚 覚 觉 觉	睡午觉 shuì wǔ jiào 낮잠을 자다	睡 shuì	午 wǔ	觉 jiào
	觉 jiào	觉 jiào	觉 jiào	觉 jiào	

早
zǎo

이를 조(早)

아침, 이르다

丨 冂 冃 日 旦 早

早饭 zǎofàn 아침(밥)		早 zǎo	饭 fàn
早 zǎo	早 zǎo	早 zǎo	早 zǎo

午
wǔ

낮 오(午)

정오

丿 ⺊ 彡 午

午饭 wǔfàn 점심(밥)		午 wǔ	饭 fàn
午 wǔ	午 wǔ	午 wǔ	午 wǔ

玩
wán

희롱할 완(玩)

놀다

一 二 干 丑 玎 玕 玗 玩

玩电脑 wán diànnǎo 컴퓨터를 하다		玩 wán	电 diàn	脑 nǎo
玩 wán	玩 wán	玩 wán	玩 wán	

补
bǔ

기울 보(補)

보충하다

丶 ⺀ ⺍ 衤 礻 衤 补 补

补习班 bǔxíbān 학원		补 bǔ	习 xí	班 bān
补 bǔ	补 bǔ	补 bǔ	补 bǔ	

习
xí

익힐 습(習)

익히다, 연습하다

丁 刁 习

练习 liànxí 연습하다		练 liàn	习 xí
习 xí	习 xí	习 xí	习 xí

🔍 체크 체크 녹음을 잘 듣고 한자와 성조를 써보세요.

Track30

🕐	기상	
🕐	아침 식사	
🕐	수업	
🕐	점심 식사	
🕐	수업 종료	
🕐	맥도날드에 가다	
🕐	컴퓨터를 하다	

❶ 그는 7시에 일어납니다.

Ta qi dian qi chuang.

❷ 그는 7시 반에 아침을 먹습니다.

Ta qi dian ban chi zaofan.

❸ 그는 10시에 수업을 합니다.

Ta shi dian shang ke.

❹ 그는 12시 반에 점심을 먹습니다.

Ta shi'er dian ban chi wufan.

❺ 그는 2시에 수업이 끝납니다.

Ta liang dian xia ke.

❻ 그는 4시 반에 맥도날드에 갑니다.

Ta si dian ban qu Maidanglao.

❼ 그는 8시에 컴퓨터를 합니다.

Ta ba dian wanr diannao.

힌트 两点 liǎng diǎn 2시

74

15 과 这儿有什么? 여기에는 무엇이 있나요?
Zhèr yǒu shénme?

Track31

| 热
rè

더울 열(熱) | 덥다, 뜨겁다
一 十 十 扌 执 执 执 热 热 热

热 rè   热 rè   热 rè   热 rè | 热狗
règǒu
핫도그 | 热
rè | 狗
gǒu |

| 狗
gǒu

개 구(狗) | 개
ノ ノ ǒ ǒ 犭 犭 狗 狗

狗 gǒu   狗 gǒu   狗 gǒu   狗 gǒu | 小狗
xiǎogǒu
강아지 | 小
xiǎo | 狗
gǒu |

| 明
míng

밝을 명(明) | 밝다
丨 冂 冃 日 刖 明 明 明

明 míng   明 míng   明 míng   明 míng | 明天
míngtiān
내일 | 明
míng | 天
tiān |

| 治
zhì

다스릴 치(治) | 다스리다, 치료하다
丶 丶 氵 氵 氵 治 治 治

治 zhì   治 zhì   治 zhì   治 zhì | 三明治
sānmíngzhì
샌드위치 | 三
sān | 明
míng | 治
zhì |

对	대답하다, 맞다	对不起	对	不	起
duì	フ ヌ ヌ 对 对	duìbuqǐ 죄송합니다	duì	bu	qǐ
대할 대(對)		对 对 对 对			
		duì	duì	duì	duì

和	~와/과	我和他	我	和	他
hé	ノ 二 千 禾 禾 和 和 和	wǒ hé tā 나와 그	wǒ	hé	tā
화목할 화(和)		和 和 和 和			
		hé	hé	hé	hé

英	재능이 뛰어나다	英语	英	语	
yīng	一 十 艹 艹 芒 苫 英 英	Yīngyǔ 영어	Yīng	yǔ	
꽃부리 영(英)		英 英 英 英			
		yīng	yīng	yīng	yīng

❶ 동민은 남동생이 있지만, 친구는 남동생이 없습니다.

Dongmin you didi, pengyou meiyou didi.

❷ 할머니는 핸드폰이 있지만, 할아버지는 핸드폰이 없습니다.

Nainai you shouji, yeye meiyou shouji.

❸ 형은 중국 친구가 있지만, 누나는 중국 친구가 없습니다.

Gege you Zhongguo pengyou, jiejie meiyou Zhongguo
pengyou.

❹ 여동생은 인형이 있지만, 남동생은 인형이 없습니다.

Meimei you wawa, didi meiyou wawa.

❺ 우리 집에는 TV가 있지만, 친구 집에는 TV가 없습니다.

Wo jia you dianshi, pengyou jia meiyou dianshi.

16 과

给我们两杯可乐。 우리에게 콜라 두 잔 주세요.
Gěi wǒmen liǎng bēi kělè.

Track33

要 yào

요긴할 요(要)

원하다, 필요하다, ~하려고 하다
一 厂 厂 兩 兩 兩 要
要 要

要什么?
Yào shénme?
무엇이 필요하세요?

要	什	么
yào	shén	me

要	要	要	要		
yào	yào	yào	yào		

请 qǐng

청할 청(請)

~하세요, ~해 주십시오
丶 讠 讠 讠 诗 请 请 请 请 请

请客
qǐng kè
한턱내다

请	客
qǐng	kè

请	请	请	请		
qǐng	qǐng	qǐng	qǐng		

等 děng

무리 등(等)

기다리다
丿 亠 亠 竹 竹 竹 竿 竿
竿 等 等

等一下
děng yíxià
잠시 기다리다

等	一	下
děng	yí	xià

等	等	等	等		
děng	děng	děng	děng		

两 liǎng

두 량(兩)

2, 둘
一 厂 万 丙 丙 两 两

两个
liǎng ge
두 개

两	个
liǎng	ge

两	两	两	两		
liǎng	liǎng	liǎng	liǎng		

瓶
píng

병 **병**(瓶)

병[병에 담긴 것을 세는 단위]

丶 丶 丷 丷 竺 竺 并 并 瓶 瓶 瓶

瓶	瓶	瓶	瓶		
píng	píng	píng	píng		

三瓶	三	瓶
sān píng	sān	píng
세 병		

碗
wǎn

사발 **완**(碗)

공기, 그릇[그릇에 담긴 것을 세는 단위]

一 ィ イ 石 石 石 石 矿 矿 砀 砀 碗

碗	碗	碗	碗		
wǎn	wǎn	wǎn	wǎn		

四碗	四	碗
sì wǎn	sì	wǎn
네 그릇		

支
zhī

가를 **지**(支)

자루[가늘고 긴 물건을 세는 단위]

一 十 丂 支

支	支	支	支		
zhī	zhī	zhī	zhī		

五支	五	支
wǔ zhī	wǔ	zhī
다섯 자루		

件
jiàn

물건 **건**(件)

벌, 가지[옷이나 사건 등을 세는 단위]

丿 亻 亻 佧 仵 件

件	件	件	件		
jiàn	jiàn	jiàn	jiàn		

六件	六	件
liù jiàn	liù	jiàn
여섯 벌		

双
shuāng

두 **쌍**(雙)

쌍, 켤레[쌍을 이루는 것을 세는 단위]

フ 又 双 双

双	双	双	双		
shuāng	shuāng	shuāng	shuāng		

七双	七	双
qī shuāng	qī	shuāng
일곱 쌍		

铅
qiān

납 연(鉛)

흑연, 납

丿 ㇒ ㇏ ㇏ 钅 钅 钌 钌 铅 铅

铅笔 qiānbǐ 연필		铅 qiān	笔 bǐ

铅 qiān	铅 qiān	铅 qiān	铅 qiān

笔
bǐ

붓 필(筆)

펜, 붓

丿 ㇒ ㇏ 竺 竺 竺 竺 竺 竺 笔

圆珠笔 yuánzhūbǐ 볼펜			圆 yuán	珠 zhū	笔 bǐ

笔 bǐ	笔 bǐ	笔 bǐ	笔 bǐ

孩
hái

어린아이 해(孩)

어린이

㇇ 了 孑 孑 孑 孑 孩 孩 孩

孩子 háizi 아이		孩 hái	子 zi

孩 hái	孩 hái	孩 hái	孩 hái

❶ 그는 친구가 다섯 명 있습니다.

Ta you wu ge pengyou.

❷ 선생님은 책을 여섯 권 가지고 있습니다.

Laoshi you liu ben shu.

❸ 여동생은 우유를 두 잔 마십니다.

Meimei he liang bei niunai.

❹ 형은 밥을 세 공기 먹습니다.

Gege chi san wan fan.

❺ 엄마는 옷을 한 벌 삽니다.

Mama mai yi jian yifu.

1 다음 한어병음에 해당하는 한자를 쓰세요.

❶ wǎngbā ➡ _____ ❷ xiànzài ➡ _____

❸ xià kè ➡ _____ ❹ bǔxíbān ➡ _____

❺ sānmíngzhì ➡ _____ ❻ qiānbǐ ➡ _____

2 다음 한자의 한어병음을 쓰세요.

❶ 首尔 ➡ _____ ❷ 热狗 ➡ _____

❸ 睡觉 ➡ _____ ❹ 对不起 ➡ _____

❺ 请 ➡ _____ ❻ 两件 ➡ _____

3 다음 문장을 중국어로 쓰세요.

❶ 내 신발은 어디에 있습니까? ➡ _____

❷ 나는 8시 반에 수업합니다. ➡ _____

❸ 당신은 몇 시에 일어납니까? ➡ _____

❹ 저기에 탁자와 의자가 있습니다. ➡ _____

❺ 우리는 맥주 두 병을 마십니다. ➡ _____

🧁 맛있는 간체자 2 외래어

중국에 왔구나 하고 느낄 때가 한자로만 쓰여진 간판을 봤을 때인데, 우리에게 익숙한 스타벅스, 맥도날드까지도 모두 한자로 쓰여 있죠. 중국에서는 외래어를 그대로 쓰지 않고 한자로 표기해요.

1 외래어와 발음이 비슷한 한자로 표현하는 경우

咖啡	kāfēi	커피	巧克力	qiǎokèlì	초콜릿
可乐	kělè	콜라	沙发	shāfā	소파
汉堡包	hànbǎobāo	햄버거	迪斯科	dísīkē	디스코
麦当劳	Màidāngláo	맥도날드	马拉松	mǎlāsōng	마라톤

2 발음과는 상관없이 뜻으로 해석하여 한자로 표현하는 경우

电脑	diànnǎo	컴퓨터	电(전기) + 脑(두뇌)
手机	shǒujī	핸드폰	手(손) + 机(기계)
快餐	kuàicān	패스트푸드	快(빠르다) + 餐(음식)
热狗	règǒu	핫도그	热(뜨겁다) + 狗(개)
口红	kǒuhóng	립스틱	口(입) + 红(붉다)
空中小姐	kōngzhōng xiǎojiě	스튜어디스	空中(공중) + 小姐(아가씨)

3 한자의 음과 뜻을 빌려 표현하는 경우

迷你裙	mínǐqún	미니스커트	迷你(미니) + 裙(치마)
意大利面	Yìdàlì miàn	스파게티	意大利(이탈리아) + 面(면, 국수)
酒吧	jiǔbā	술집, 바(bar)	酒(술) + 吧(바(bar))
因特网	yīntèwǎng	인터넷	因特(인터넷) + 网(망)

맛있는 간체자 3 다음자

하나의 글자가 둘 이상의 음으로 발음되고 각 발음에 따라 뜻이 달라지는 경우가 있는데, 이런 글자를 다음자(多音字)라고 해요.

	한자	발음	뜻	활용 표현
1	行	háng	상점, 점포, 직업	银行 yínháng 은행 / 行业 hángyè 직업
		xíng	걷다, 가다, 좋다	自行车 zìxíngchē 자전거 不行 bùxíng 안 된다
2	吧	bā	술집, 바(bar)	网吧 wǎngbā PC방 酒吧 jiǔbā 술집, 바(bar)
		ba	~하세요, ~합시다	我们一起吃吧。 우리 함께 먹어요. Wǒmen yìqǐ chī ba.
3	教	jiāo	가르치다	老师教我们汉语。 Lǎoshī jiāo wǒmen Hànyǔ. 선생님은 우리에게 중국어를 가르친다.
		jiào	교육, 가르침 *다음절 단어에서 4성	教室 jiàoshì 교실
4	乐	lè	즐겁다	快乐 kuàilè 즐겁다, 유쾌하다
		yuè	음악	音乐 yīnyuè 음악
5	大	dà	크다, 항렬이 높다	大小 dàxiǎo 크기 / 大哥 dàgē 맏형
		dài	뜻은 大(dà)와 같고 일부 단어에서만 dài로 쓰임	大夫 dàifu 의사
6	过	guò	건너다, 보내다	过来 guòlai 건너오다 过生日 guò shēngrì 생일을 보내다
		guo	~한 적 있다	吃过 chīguo 먹어 본 적이 있다
7	都	dōu	모두	他们都去。 그들은 모두 갑니다. Tāmen dōu qù.
		dū	수도, 대도시	首都 shǒudū 수도
8	还	huán	반납하다	还书 huán shū 책을 반납하다
		hái	아직	还没吃 hái méi chī 아직 먹지 않았다

간체자

최신 개정

맛있는 중국어
Level ②

기초 회화

2단계의
간체자를 듣고 쓰고
말하며 익혀요.

01 과

你叫什么名字? 당신의 이름은 무엇인가요?
Nǐ jiào shénme míngzi?

Track35

姓 xìng
성씨 성(姓)

성씨, 성이 ~이다

乀 𡥭 𡥭 女 奻 奼 姅 姓

贵姓 guìxìng 성씨[존칭]		贵	姓
		gui	xìng

姓	姓	姓	姓		
xìng	xìng	xìng	xìng		

叫 jiào
부르짖을 규(叫)

~라고 부르다

丨 丨丨 叮 叫 叫

叫什么? Jiào shénme? 뭐라고 부르나요?		叫	什	么
		jiào	shén	me

叫	叫	叫	叫	
jiào	jiào	jiào	jiào	

名 míng
이름 명(名)

이름

丿 ク 夕 夕 名 名

名字 míngzi 이름		名	字
		míng	zi

名	名	名	名	
míng	míng	míng	míng	

认 rèn
알 인(認)

알다, 인식하다

丶 讠 认 认

认真 rènzhēn 성실하다, 착실하다		认	真
		rèn	zhēn

认	认	认	认	
rèn	rèn	rèn	rèn	

识 shí 알 식(識)	알다 `丶 讠 讠 讠 识 识 识`	认识 rènshi 알다, 인식하다	认 rèn	识 shi
	识 shí	识 shí	识 shí	识 shí		

兴 xìng 일 흥(興)	흥미, 취미 `丶 丷 丷 쓰 兴 兴`	高兴 gāoxìng 기쁘다, 즐겁다	高 gāo	兴 xìng
	兴 xing	兴 xing	兴 xing	兴 xing		

李 Lǐ 오얏 리(李)	이[성씨] `一 十 才 木 本 李 李`	姓李 xìng Lǐ 이씨이다	姓 xìng	李 Lǐ
	李 Lǐ	李 Lǐ	李 Lǐ	李 Lǐ		

🔍 체크 체크 녹음을 잘 듣고 문장을 써보세요.

Track36

❶ 그는 이씨이고, 이동민이라고 합니다.

❷ 그는 왕씨이고, 왕룽룽이라고 합니다.

❸ 그녀는 성이 화이트이고, 안나 화이트라고 합니다.

❹ 그녀는 장씨이고, 장샤오잉이라고 합니다.

❺ 그는 성이 트웨인이고, 마크 트웨인이라고 합니다.

힌트 李东民 Lǐ Dōngmín 고유 이동민[인명] | 王龙龙 Wáng Lónglóng 고유 왕룽룽[인명] |
安娜怀特 Ānnà Huáitè 고유 안나 화이트[인명] | 张小英 Zhāng Xiǎoyīng 고유 장샤오잉[인명] |
马克吐温 Mǎkè Tǔwēn 고유 마크 트웨인[인명]

Track37

| 日
rì
날 일(日) | 날, 일
丨 冂 日 日
日　日　日　日
rì　rì　rì　rì | 日本
Rìběn
일본 | 日
Rì | 本
běn |

| 法
fǎ
법 법(法) | 법, 방법
丶 丶 氵 氵 汁 泮 浐 法
法　法　法　法
fǎ　fǎ　fǎ　fǎ | 法国
Fǎguó
프랑스 | 法
Fǎ | 国
guó |

| 德
dé
덕 덕(德) | 덕, 도덕
丿 彳 彳 彳 彳 彳 徎 徎 徎 徎
徎 徎 徎 徎 德
德　德　德　德
dé　dé　dé　dé | 德国
Déguó
독일 | 德
Dé | 国
guó |

| 西
xī
서녘 서(西) | 서쪽
一 冂 冂 丙 西 西
西　西　西　西
xī　xī　xī　xī | 西瓜
xīguā
수박 | 西
xī | 瓜
guā |

牙 yá 어금니 **아**(牙)	치아 一 厂 于 牙	西班牙 Xībānyá 스페인	西 Xī	班 bān	牙 yá
	牙 yá	牙 yá	牙 yá	牙 yá	

加 jiā 더할 **가**(加)	더하다, 증가하다 丁 力 加 加 加	加班 jiā bān 초과 근무를 하다	加 jiā	班 bān	
	加 jiā	加 jiā	加 jiā	加 jiā	

拿 ná 잡을 **나**(拿)	잡다, 쥐다 丿 亻 亼 亼 合 合 合 亼 亼 拿	加拿大 Jiānádà 캐나다	加 Jiā	拿 ná	大 dà
	拿 ná	拿 ná	拿 ná	拿 ná	

俄 é 갑자기 **아**(俄)	갑자기, 순식간에 丿 亻 亻 仁 仆 伫 俄 俄 俄	俄罗斯 Éluósī 러시아	俄 É	罗 luó	斯 sī
	俄 é	俄 é	俄 é	俄 é	

罗 luó 그물 **라**(羅)	새 그물 丨 冂 罒 罒 罗 罗 罗	罗马 Luómǎ 로마	罗 Luó	马 mǎ	
	罗 luó	罗 luó	罗 luó	罗 luó	

斯 sī 이 사(斯)	이(것) 一 十 艹 艹 苷 苷 苴 其 其 斯 斯 斯	迪斯科 dísīkē 디스코	迪 dí	斯 sī	科 kē
	斯 / sī	斯 / sī	斯 / sī	斯 / sī		

泰 tài 클 태(泰)	평안하다, 너무나 一 二 三 声 夫 表 泰 泰 泰 泰	泰国 Tàiguó 태국	泰 Tài	国 guó	
	泰 / tài	泰 / tài	泰 / tài	泰 / tài		

印 yìn 도장 인(印)	도장, 인쇄하다 ´ ㇇ ㇂ ㇉ 印 印	打印 dǎyìn 프린트하다	打 dǎ	印 yìn	
	印 / yìn	印 / yìn	印 / yìn	印 / yìn		

度 dù 법도 도(度)	도[온도], 정도 丶 广 广 广 产 产 庐 度 度	印度 Yìndù 인도	印 Yìn	度 dù	
	度 / dù	度 / dù	度 / dù	度 / dù		

事 shì 섬길 사(事)	일, 용무 一 亅 ㇇ 亘 亘 写 写 事	同事 tóngshì 동료	同 tóng	事 shì	
	事 / shì	事 / shì	事 / shì	事 / shì		

北	북쪽	北京 Běijīng 베이징	北 Běi	京 jīng
běi 북녘 북(北)	丨 ⺊ ⺩ ⺩ 北			

北	北	北	北		
běi	běi	běi	běi		

京	수도, 서울	京剧 jīngjù 경극	京 jīng	剧 jù
jīng 서울 경(京)	丶 一 亠 亠 古 吉 京 京			

京	京	京	京		
jīng	jīng	jīng	jīng		

海	바다	上海 Shànghǎi 상하이, 상해	上 Shàng	海 hǎi
hǎi 바다 해(海)	丶 丶 氵 氵 汇 汇 海 海 海 海			

海	海	海	海		
hǎi	hǎi	hǎi	hǎi		

📋 체크 체크　녹음을 잘 듣고 문장을 써보세요.

Track38

❶ 그녀는 한국인입니다.

❷ 그는 영국인입니다.

❸ 그녀는 태국인입니다.

❹ 그녀는 프랑스인입니다.

❺ 그는 중국인입니다.

힌트　英国 Yīngguó 고유 영국

맛있는 중국어 2

03 과

你家有几口人? 당신의 가족은 몇 명이에요?
Nǐ jiā yǒu jǐ kǒu rén?

Track39

口
kǒu
입 구(口)

입, 식구
丨冂口

几口人
jǐ kǒu rén
몇 식구

几	口	人
jǐ	kǒu	rén

口	口	口	口
kǒu	kǒu	kǒu	kǒu

身
shēn
몸 신(身)

몸, 신체
´丿冂勹身身身

身体
shēntǐ
신체, 건강

身	体
shēn	tǐ

身	身	身	身
shēn	shēn	shēn	shēn

体
tǐ
몸 체(體)

몸, 물체
´亻仁什体休体

体育
tǐyù
운동, 스포츠

体	育
tǐ	yù

体	体	体	体
tǐ	tǐ	tǐ	tǐ

爷
yé
아비 야(爺)

할아버지
´丷父父爷爷

爷爷
yéye
할아버지

爷	爷
yé	ye

爷	爷	爷	爷
yé	yé	yé	yé

外
wài

밖 외(外)

밖, 바깥
ノ ク タ 列 外

外公 wàigōng 외할아버지		外 wài	公 gōng
外 wài	外 wài	外 wài	外 wài

婆
pó

할미 파(婆)

할머니
丶 ㇇ 氵 氵 汸 汾 浂 波 波 婆 婆

外婆 wàipó 외할머니		外 wài	婆 pó
婆 pó	婆 pó	婆 pó	婆 pó

丈
zhàng

어른 장(丈)

(친척의) 남편
一 ナ 丈

丈夫 zhàngfu 남편		丈 zhàng	夫 fu
丈 zhàng	丈 zhàng	丈 zhàng	丈 zhàng

夫
fū

지아비 부(夫)

남편, 성인 남자
一 二 𠂇 夫

夫妻 fūqī 부부		夫 fū	妻 qī
夫 fū	夫 fū	夫 fū	夫 fū

妻
qī

아내 처(妻)

처, 아내
一 ㇕ 彐 彐 丰 圭 妻 妻

妻子 qīzi 아내		妻 qī	子 zi
妻 qī	妻 qī	妻 qī	妻 qī

弟
dì

아우 제(弟)

남동생

丶丷丷肖肖弟弟

弟弟 dìdi 남동생	弟 dì	弟 dì

| 弟 dì | 弟 dì | 弟 dì | 弟 dì | | |

妹
mèi

손아래 누이 매(妹)

여동생

㇇ㄑ女 女 妌 妹 妹 妹

姐妹 jiěmèi 자매	姐 jiě	妹 mèi

| 妹 mèi | 妹 mèi | 妹 mèi | 妹 mèi | | |

兄
xiōng

형 형(兄)

형

丨 冂 口 尸 兄

兄弟 xiōngdì 형제	兄 xiōng	弟 dì

| 兄 xiōng | 兄 xiōng | 兄 xiōng | 兄 xiōng | | |

Track40

체크 체크   녹음을 잘 듣고 문장을 써보세요.

❶ 우리 집은 여섯 식구입니다. 우리 아빠는 건강합니다.

❷ 그녀의 집은 세 식구입니다. 아빠, 엄마와 그녀가 있습니다.

❸ 그는 아이가 있습니다. 그는 아이가 두 명 있습니다.

❹ 나는 형제자매가 있습니다.

他今年28岁。 그는 올해 28살이에요.

Tā jīnnián èrshíbā suì.

Track41

今 jīn 이제 금(今)	지금, 현재 ノ 人 人 今	今天 jīntiān 오늘	今 jīn	天 tiān
	今 jīn	今 jīn	今 jīn	今 jīn

年 nián 해 년(年)	해, 년 ノ ケ ケ 午 年 年	今年 jīnnián 올해	今 jīn	年 nián
	年 nián	年 nián	年 nián	年 nián

岁 suì 해 세(歲)	세, 살 丨 山 屮 屮 岁 岁	几岁 jǐ suì 몇 살	几 jǐ	岁 suì
	岁 suì	岁 suì	岁 suì	岁 suì

工 gōng 장인 공(工)	작업, 노동자 一 丁 工	打工 dǎ gōng 아르바이트하다	打 dǎ	工 gōng
	工 gōng	工 gōng	工 gōng	工 gōng

作
zuò
지을 작(作)

일하다
丿 亻 亻 仁 作 作 作

工作 gōngzuò 일, 일하다		工 gōng	作 zuò
作 zuò	作 zuò	作 zuò	作 zuò

台
tái
대 대(臺)

무대, 받침대
厶 厶 台 台 台

电视台 diànshìtái 방송국			电 diàn	视 shì	台 tái
台 tái	台 tái	台 tái	台 tái		

务
wù
힘쓸 무(務)

힘쓰다, 종사하다
丿 ク 夂 务 务

公务员 gōngwùyuán 공무원			公 gōng	务 wù	员 yuán
务 wù	务 wù	务 wù	务 wù		

导
dǎo
이끌 도(導)

인도하다, 이끌다
フ ㄱ ㅌ 彐 ਤ 导 导

导演 dǎoyǎn 감독, 연출자		导 dǎo	演 yǎn
导 dǎo	导 dǎo	导 dǎo	导 dǎo

演
yǎn
펼 연(演)

공연하다, 연기하다
丶 丶 氵 氵 沪 沪 沪 沪 演
演 演 演 演

演员 yǎnyuán 배우, 연기자		演 yǎn	员 yuán
演 yǎn	演 yǎn	演 yǎn	演 yǎn

Track42

체크 체크 녹음을 잘 듣고 문장을 써보세요.

❶ 그는 올해 28살입니다. 그는 방송국에서 일합니다.
   그는 방송국 PD입니다.

❷ 그녀는 올해 26살입니다. 그녀는 병원에서 일합니다.

❸ 그는 올해 31살입니다. 그는 회사에서 일합니다.

❹ 그는 올해 20살입니다. 그는 대학생입니다.

❺ 그녀는 올해 45살입니다. 그녀는 영어 선생님입니다.

힌트 大学生 dàxuéshēng 명 대학생

확인 테스트 5

1 다음 한어병음에 해당하는 한자를 쓰세요.

❶ míngzi ➡ _____   ❷ gāoxìng ➡ _____

❸ Rìběn ➡ _____   ❹ shēntǐ ➡ _____

❺ jīnnián ➡ _____   ❻ gōngzuò ➡ _____

2 다음 한자의 한어병음을 쓰세요.

❶ 认识 ➡ _____   ❷ 西班牙 ➡ _____

❸ 几口人 ➡ _____   ❹ 电视台 ➡ _____

❺ 几岁 ➡ _____   ❻ 兄弟 ➡ _____

3 다음 문장을 중국어로 쓰세요.

❶ 당신의 이름은 무엇입니까?   ➡ _____

❷ 나는 중국인이 아니라 한국인입니다.   ➡ _____

❸ 우리 집은 세 식구입니다.   ➡ _____

❹ 당신은 형제자매가 있습니까?   ➡ _____

❺ 그는 병원에서 일합니다. 그는 의사입니다.

➡ _____

05과 你的手机在钱包下边。

Nǐ de shǒujī zài qiánbāo xiàbian.

당신의 핸드폰은 지갑 밑에 있어요.

Track43

钱

qián

돈 전(錢)

돈

丿 𠂉 𠂉 𠂉 钅 钅 钅 钱 钱 钱

钱包 qiánbāo 지갑

钱 qián 包 bāo

钱 qián 钱 qián 钱 qián 钱 qián

边

biān

가 변(邊)

쪽, 측

フ 力 力 边 边

下边 xiàbian 아래쪽

下 xià 边 bian

边 biān 边 biān 边 biān 边 biān

呢

ne

소곤거릴 니(呢)

~는요?

丨 口 口 口 口 吅 吅 呢

你呢? Nǐ ne? 당신은요?

你 nǐ 呢 ne

呢 ne 呢 ne 呢 ne 呢 ne

前

qián

앞 전(前)

앞, 전

丶 丷 䒑 前 前 前 前 前 前

前边 qiánbian 앞쪽

前 qián 边 bian

前 qián 前 qián 前 qián 前 qián

后 hòu 뒤 후(後)	뒤, 후 ⼀ ⼚ ⼖ ⼖ 后 后				后边 hòubiān 뒤쪽	后 hòu	边 biān
	后 hòu	后 hòu	后 hòu	后 hòu			

里 lǐ 안 리(裏)	속, 안 ⼁ ⼕ ⼕ ⼕ 旦 旦 里 里				里边 lǐbiān 안쪽	里 lǐ	边 biān
	里 lǐ	里 lǐ	里 lǐ	里 lǐ			

间 jiān 사이 간(間)	사이 ⼂ ⼌ 门 门 问 问 间				中间 zhōngjiān 가운데	中 zhōng	间 jiān
	间 jiān	间 jiān	间 jiān	间 jiān			

旁 páng 곁 방(旁)	옆, 곁 ⼂ ⼇ ⼇ ⽴ ⽴ 产 产 旁 旁				旁边 pángbiān 옆	旁 páng	边 biān
	旁 páng	旁 páng	旁 páng	旁 páng			

右 yòu 오른쪽 우(右)	오른쪽 ⼀ ⼕ ⼗ 右 右				右边 yòubiān 오른쪽	右 yòu	边 biān
	右 yòu	右 yòu	右 yòu	右 yòu			

左
zuǒ

왼쪽 **좌**(左)

왼쪽
一 ナ た 广 左 左

左边 zuǒbian 왼쪽	左 zuǒ	边 bian
左 zuǒ	左 zuǒ	左 zuǒ	左 zuǒ			

邮
yóu

우편 **우**(郵)

우편으로 부치다
丨 冂 日 由 由 邮3 邮

电邮 diànyóu 이메일	电 diàn	邮 yóu
邮 yóu	邮 yóu	邮 yóu	邮 yóu			

局
jú

판 **국**(局)

국[기관 단위]
コ コ 尸 月 局 局 局

邮局 yóujú 우체국	邮 yóu	局 jú
局 jú	局 jú	局 jú	局 jú			

체크 체크   녹음을 잘 듣고 문장을 써보세요.

Track44

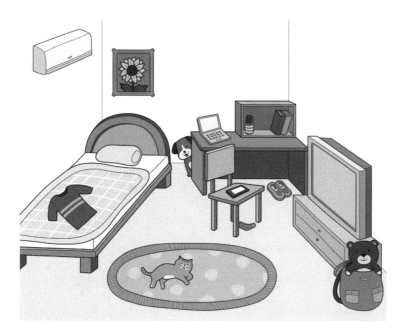

❶ 옷은 침대 위에 있습니다.

❷ 양말은 의자 밑에 있습니다.

❸ 책가방은 TV 옆에 있습니다.

❹ 인형은 책가방 안에 있습니다.

❺ 의자는 탁자 앞에 있습니다.

❻ 강아지는 탁자 뒤에 있습니다.

❼ 신발은 탁자 밑에 있습니다.

你的生日是几月几号?
Nǐ de shēngrì shì jǐ yuè jǐ hào?
당신의 생일은 몇 월 며칠이에요?

Track45

月 yuè
달 월(月)

월, 달[시간의 단위]
丿 刀 月 月

月	月	月	月		
yuè	yuè	yuè	yuè		

几月
jǐ yuè
몇 월

几	月
jǐ	yuè

号 hào
이름 호(號)

일[날짜], 번호
丨 口 口 므 号

号	号	号	号		
hào	hào	hào	hào		

几号
jǐ hào
며칠

几	号
jǐ	hào

天 tiān
하늘 천(天)

하루, 날, 일
一 二 于 天

天	天	天	天		
tiān	tiān	tiān	tiān		

后天
hòutiān
모레

后	天
hòu	tiān

真 zhēn
참 진(真)

정말, 진실하다
一 十 广 古 古 肯 肯 直 真 真

真	真	真	真		
zhēn	zhēn	zhēn	zhēn		

真的
zhēnde
정말

真	的
zhēn	de

祝
zhù

빌 축(祝)

기원하다, 빌다

`丶 丿 礻 礻 礻 祝 祝 祝 祝`

祝	祝	祝	祝		
zhù	zhù	zhù	zhù		

祝贺
zhùhè
축하하다

祝	贺
zhù	hè

快
kuài

쾌할 쾌(快)

빠르다, 즐겁다

`丶 丶 忄 忄 忙 快 快`

快	快	快	快		
kuài	kuài	kuài	kuài		

快乐
kuàilè
즐겁다, 유쾌하다

快	乐
kuài	lè

期
qī

기약할 기(期)

시기, 기간

`一 十 卄 井 井 苴 其 其 期 期 期 期`

期	期	期	期		
qī	qī	qī	qī		

星期几
xīngqī jǐ
무슨 요일

星	期	几
xīng	qī	jǐ

昨
zuó

어제 작(昨)

어제

`丨 冂 日 日 旷 旷 昨 昨 昨`

昨	昨	昨	昨		
zuó	zuó	zuó	zuó		

昨天
zuótiān
어제

昨	天
zuó	tiān

时
shí

때 시(時)

시기, 시간

`丨 冂 日 日 旷 时 时`

时	时	时	时		
shí	shí	shí	shí		

时间
shíjiān
시간

时	间
shí	jiān

候
hòu
기다릴 후(候)

때, 기다리다
丿 亻 亻 亻 𠋊 𠋊 𠋊 𠋊 候 候

时候 shíhou 때, 시각		时 shí	候 hou
候 hòu	候 hòu	候 hòu	候 hòu

童
tóng
아이 동(童)

어린이, 아동
丶 亠 立 立 产 音
音 音 童 童 童

儿童节 Értóng Jié 어린이날			儿 Ér	童 tóng	节 Jié
童 tóng	童 tóng	童 tóng	童 tóng

节
jié
마디 절(節)

기념일, 명절
一 艹 艹 节 节

节日 jiérì 기념일, 명절		节 jié	日 rì
节 jié	节 jié	节 jié	节 jié

母
mǔ
어미 모(母)

어머니
乚 口 口 母 母

父母 fùmǔ 부모		父 fù	母 mù
母 mǔ	母 mǔ	母 mǔ	母 mǔ

亲
qīn
친할 친(親)

부모, 친하다
丶 亠 产 产 音 音 辛
亲 亲

母亲节 Mǔqīn Jié 어머니의 날			母 Mǔ	亲 qīn	节 Jié
亲 qīn	亲 qīn	亲 qīn	亲 qīn

父 fù 아비 부(父)	아버지 ノ 八 分 父	父亲节 Fùqīn Jié 아버지의 날	父 Fù	亲 qīn	节 Jié
	父 fù	父 fù	父 fù	父 fù	

教 jiāo / jiào 가르칠 교(教)	가르치다 / 교육 一 十 土 耂 耂 耂 孝 孝 孝 教 教	教师节 Jiàoshī Jié 스승의 날	教 Jiào	师 shī	节 Jié
	教 jiāo	教 jiào	教 jiào	教 jiào	

星	期	一			

星	期	二			

星	期	三			

星	期	四			

星	期	五			

星	期	六			

星	期	天			

체크 체크   녹음을 잘 듣고 문장을 써보세요.

Track46

5月

星期天	星期一	星期二	星期三	星期四	星期五	星期六
					1	2
3	4	5 어린이날	6	7	8 어버이날	9
10	11	12	13 여자 친구 생일	14	15 스승의 날	16
17	18	19 아빠 생신	20	21	22	23
24/31	25 누나 생일	26	27	28 今天	29	30

❶ 오늘은 5월 28일 목요일입니다.

❷ 모레는 5월 30일 토요일입니다.

❸ 아빠의 생신은 5월 19일 화요일입니다.

❹ 어린이날은 5월 5일 화요일입니다.

❺ 어머니의 날[아버지의 날]은 5월 8일 금요일입니다.

❻ 스승의 날은 5월 15일 금요일입니다.

맛있는 중국어 2

07과

下午去看电影。 오후에 영화 보러 가요.
Xiàwǔ qù kàn diànyǐng.

Track47

商 shāng 장사 상(商)	장사, 상의하다 丶 亠 亠 产 产 产 产 商 商 商	商店 shāngdiàn 상점	商 shāng	店 diàn
	商 商 商 商 shāng shāng shāng shāng			

东 dōng 동녘 동(東)	동쪽 一 七 车 夯 东	东西 dōngxi 물건	东 dōng	西 xi
	东 东 东 东 dōng dōng dōng dōng			

影 yǐng 그림자 영(影)	그림자, 영상 l 口 日 日 早 早 昙 景 景 景 影 影 影	电影 diànyǐng 영화	电 diàn	影 yǐng
	影 影 影 影 yǐng yǐng yǐng yǐng			

借 jiè 빌릴 차(借)	빌리다 丿 亻 亻 㐅 仳 仳 借 借 借 	借书 jiè shū 책을 빌리다	借 jiè	书 shū
	借 借 借 借 jiè jiè jiè jiè			

07과 下午去看电影。 **111**

❶ 남동생은 학교에 가서 수업합니다.

❷ 엄마는 식당에 밥을 먹으러 갑니다.

❸ 형은 도서관에 책을 빌리러 갑니다.

❹ 누나는 영화관에 영화를 보러 갑니다.

힌트 电影院 diànyǐngyuàn 명 영화관

맛있는 중국어 2

08 과

我给你买衣服。 내가 당신에게 옷을 사줄게요.
Wǒ gěi nǐ mǎi yīfu.

Track49

百 bǎi 일백 백(百)	백(100) 一 ㄱ ㄤ 百 百 百		**八百** bābǎi 800	八 百 bā bǎi
	百 bǎi	百 bǎi	百 bǎi	百 bǎi

货 huò 재화 화(貨)	상품, 물품 ノ 亻 亻 化 化 华 货 货		**百货** bǎihuò 여러 상품	百 货 bǎi huò
	货 huò	货 huò	货 huò	货 huò

关 guān 관계할 관(關)	닫다, 관계가 있다 丶 丷 丷 关 关 关		**关系** guānxi 관계	关 系 guān xi
	关 guān	关 guān	关 guān	关 guān

系 xì 맬 계(係)	계열, 맺다 一 ㄱ 互 互 系 系 系		**没关系** méi guānxi 괜찮다, 문제없다	没 关 系 méi guān xi
	系 xì	系 xì	系 xì	系 xì

跟 gēn 발꿈치 근(跟)	~와/과, ~한테 丨 冂 冂 口 口 吊 吊 吊 吊 趵 趵 跟 跟 跟	书跟笔 shū gēn bǐ 책과 펜	书 shū	跟 gēn	笔 bǐ
	跟 gēn	跟 gēn	跟 gēn	跟 gēn		

打 dǎ 칠 타(打)	치다, 때리다, (전화를) 걸다 一 十 扌 扩 打	打网球 dǎ wǎngqiú 테니스를 치다	打 dǎ	网 wǎng	球 qiú
	打 dǎ	打 dǎ	打 dǎ	打 dǎ		

话 huà 말씀 화(話)	말 丶 讠 讠 讠 讠 讠 话 话	打电话 dǎ diànhuà 전화를 하다	打 dǎ	电 diàn	话 huà
	话 huà	话 huà	话 huà	话 huà		

❶ 남동생은 PC방에서 컴퓨터를 합니다.

❷ 동민은 엄마와 상점에 갑니다.

❸ 엄마는 여동생에게 케이크를 만들어 줍니다.

❹ 형은 친구들과 함께 술을 마십니다.

❺ 누나는 할아버지께 전화를 합니다.

힌트 跟…一起 gēn…yìqǐ ~와 함께

1 다음 한어병음에 해당하는 한자를 쓰세요.

❶ qiánbāo   ➡ _____

❷ yóujú   ➡ _____

❸ shāngdiàn   ➡ _____

❹ méi guānxi   ➡ _____

❺ diànyǐng   ➡ _____

❻ xīngqī jǐ   ➡ _____

2 다음 한자의 한어병음을 쓰세요.

❶ 下边   ➡ _____

❷ 旁边   ➡ _____

❸ 几号   ➡ _____

❹ 快乐   ➡ _____

❺ 东西   ➡ _____

❻ 借书   ➡ _____

3 다음 문장을 중국어로 쓰세요.

❶ 우체국은 은행 옆에 있습니다.   ➡ _____

❷ 오늘은 몇 월 며칠입니까?   ➡ _____

❸ 오늘은 일요일입니다.   ➡ _____

❹ 엄마는 상점에 물건을 사러 갑니다.   ➡ _____

❺ 나는 친구에게 전화를 합니다.   ➡ _____

🧁 맛있는 간체자 4   다른 발음 비슷한 한자

한자는 작은 점 하나만으로도 다른 글자가 되기 때문에 획 하나도 주의 깊게 살펴봐야 해요. 비슷하게 생긴 한자를 혼동하지 않도록 여러 번 쓰면서 익혀 보세요.

	한자	발음	뜻	활용 표현
1	牛	niú	소	牛奶 niúnǎi 우유
	午	wǔ	정오	上午 shàngwǔ 오전 / 下午 xiàwǔ 오후
2	天	tiān	날, 일	今天 jīntiān 오늘 / 明天 míngtiān 내일
	夫	fū	남편	丈夫 zhàngfu 남편
3	半	bàn	반, 절반	四点半 sì diǎn bàn 4시 반
	米	mǐ	쌀	米饭 mǐfàn 쌀밥
4	左	zuǒ	왼쪽	左边 zuǒbian 왼쪽
	右	yòu	오른쪽	右边 yòubian 오른쪽
5	借	jiè	빌리다	借书 jiè shū 책을 빌리다
	错	cuò	틀리다	不错 búcuò 좋다, 괜찮다
6	先	xiān	먼저	你先去吧。 Nǐ xiān qù ba. 당신 먼저 가요.
	洗	xǐ	씻다	洗衣服 xǐ yīfu 세탁하다
7	千	qiān	천(1,000)	一千块 yì qiān kuài 1,000위안
	干	gàn	하다	你干什么? 당신은 뭐 해요? Nǐ gàn shénme?
8	可	kě	~할 수 있다	可以 kěyǐ ~할 수 있다
	司	sī	주관하다	公司 gōngsī 회사 / 司机 sījī 운전기사
9	找	zhǎo	찾다	找工作 zhǎo gōngzuò 일을 찾다
	打	dǎ	치다, 때리다	打网球 dǎ wǎngqiú 테니스를 치다
10	困	kùn	졸리다	很困 hěn kùn 졸리다
	因	yīn	~때문에	原因 yuányīn 원인

你吃饭了吗? 당신은 식사했어요?
Nǐ chī fàn le ma?

Track51

回
huí

돌아올 회(回)

되돌아가(오)다

丨 冂 冋 冋 回 回

回	回	回	回
huí	huí	huí	huí

回来
huílai
돌아오다

回	来
huí	lai

了
le

마칠 료(了)

동작의 완료를 나타내는 조사

フ 了

了	了	了	了
le	le	le	le

吃了
chī le
먹었다

吃	了
chī	le

还
hái

돌아올 환(還)

아직

一 ア 才 不 还 还

还	还	还	还
hái	hái	hái	hái

还没吃
hái méi chī
아직 안 먹었다

还	没	吃
hái	méi	chī

死
sǐ

죽을 사(死)

죽다

一 厂 歹 歹 歹 死

死	死	死	死
sǐ	sǐ	sǐ	sǐ

饿死了
è sǐ le
배고파 죽겠다

饿	死	了
è	sǐ	le

进 jìn 나아갈 진(進)	들다, 전진하다 一 二 ㅑ 井 丼 讲 进			进来 jìnlai 들어오다		进 jìn	来 lai
	进 jìn	进 jìn	进 jìn	进 jìn			

出 chū 나갈 출(出)	나가(오)다 ㄴ ㄴ 屮 出 出			出来 chūlai 나오다		出 chū	来 lai
	出 chū	出 chū	出 chū	出 chū			

过 guò / guo 지날 과(過)	건너다 / ~한 적 있다 一 寸 寸 寸 讨 过			过来 guòlai 건너오다		过 guò	来 lai
	过 guò	过 guo	过 guò	过 guo			

问 wèn 물을 문(問)	묻다 丶 丨 门 问 问 问			请问 qǐngwèn 말씀 좀 여쭙겠습니다		请 qǐng	问 wèn
	问 wèn	问 wèn	问 wèn	问 wèn			

洗 xǐ 씻을 세(洗)	씻다 丶 丶 丶 氵 氵 氵 汼 汼 洸 洗			洗手间 xǐshǒujiān 화장실	洗 xǐ	手 shǒu	间 jiān
	洗 xǐ	洗 xǐ	洗 xǐ	洗 xǐ			

楼
lóu

다락 루(楼)

층, 건물

一 十 才 木 术 杧 杧 栏 栏 栏 栏
栏 楼 楼

二楼
èr lóu
2층

二	楼
èr	lóu

楼	楼	楼	楼				
lóu	lóu	lóu	lóu				

上	来								

上	去								

下	来								

下	去								

出	来								

出	去								

回	来								

回	去								

❶ 남동생은 올라갑니다. 아빠는 내려갑니다.

❷ 여동생은 내려옵니다.

❸ 누나는 들어옵니다.

❹ 아빠는 일어났습니다. 엄마는 아직 일어나지 않았습니다.

❺ 누나는 밥을 먹었습니다. 형은 아직 밥을 먹지 않았습니다.

10과

你会说汉语吗? 당신은 중국어를 할 줄 아나요?
Nǐ huì shuō Hànyǔ ma?

Track53

坐 zuò	앉다, (교통수단을) 타다	请坐	请	坐
	ノ 人 グ グ 샤 坐 坐	qǐng zuò	qǐng	zuò
		앉으세요		

坐	坐	坐	坐		
zuò	zuò	zuò	zuò		

앉을 좌(坐)

会 huì	~할 줄 알다, ~할 수 있다	会说	会	说
	ノ 人 仐 슦 슾 会	huì shuō	huì	shuō
		말할 줄 알다		

会	会	会	会		
huì	huì	huì	huì		

모일 회(會)

发 fā	보내다, 발생하다	发音	发	音
	㇄ ナ 步 发 发	fāyīn	fā	yīn
		발음		

发	发	发	发		
fā	fā	fā	fā		

필 발(發)

音 yīn	소리	音乐	音	乐
	㇏ 亠 亠 立 音 产 咅 音 音	yīnyuè	yīn	yuè
		음악		

音	音	音	音		
yīn	yīn	yīn	yīn		

소리 음(音)

错
cuò
어긋날 착(錯)

틀리다, 맞지 않다

丿 一 仁 产 车 车 钅 锉 错 错 错 错

不错 búcuò 좋다, 괜찮다		不	错
		bú	cuò
错	错	错	错
cuò	cuò	cuò	cuò

谢
xiè
사례할 사(謝)

감사하다, 사례하다

丶 讠 讠 讠 访 访 访 访 谢 谢 谢

谢谢 xièxie 감사합니다		谢	谢
		xiè	xie
谢	谢	谢	谢
xiè	xiè	xiè	xiè

读
dú
읽을 독(讀)

(소리 내어) 읽다, (책 등을) 보다, 읽다

丶 讠 讠 讠 讠 讠 讠 诗 读 读

读书 dú shū 책을 읽다		读	书
		dú	shū
读	读	读	读
dú	dú	dú	dú

用
yòng
쓸 용(用)

사용하다

丿 几 月 月 用

请用 qǐng yòng 드세요		请	用
		qǐng	yòng
用	用	用	用
yòng	yòng	yòng	yòng

开
kāi
열 개(開)

열다, 운전하다

一 二 于 开

开车 kāi chē 운전하다, 차를 몰다		开	车
		kāi	chē
开	开	开	开
kāi	kāi	kāi	kāi

车
chē

수레 **차/거**(車)

채[교통수단]
一 ナ 左 车 车

买车 mǎi chē 차를 사다	买 mǎi	车 chē
车 chē	车 chē	车 chē

| 车
chē | 车
chē | 车
chē | 车
chē | | |

游
yóu

헤엄칠 **유**(游)

헤엄치다, 유람하다
丶 丶 丶 氵 氵 疒 汸 汸 游 游
游 游

旅游 lǚyóu 여행하다	旅 lǚ	游 yóu

| 游
yóu | 游
yóu | 游
yóu | 游
yóu | | |

泳
yǒng

헤엄칠 **영**(泳)

수영하다, 헤엄치다
丶 丶 氵 氵 汀 汀 汾 泳 泳

游泳 yóu yǒng 수영하다	游 yóu	泳 yǒng

| 泳
yǒng | 泳
yǒng | 泳
yǒng | 泳
yǒng | | |

弹
tán

쏠 **탄**(彈)

(악기를) 켜다, 연주하다
乛 乛 弖 弖 弓' 弓" 弹 弹
弹 弹 弹

弹钢琴 tán gāngqín 피아노를 치다	弹 tán	钢 gāng	琴 qín

| 弹
tán | 弹
tán | 弹
tán | 弹
tán | | |

钢
gāng

강철 **강**(鋼)

강철
丿 𠂉 𠂉 钅 钅 钔 钔 钢 钢

钢笔 gāngbǐ 만년필	钢 gāng	笔 bǐ

| 钢
gāng | 钢
gāng | 钢
gāng | 钢
gāng | | |

琴
qín

거문고 금(琴)

거문고

一 二 干 王 珏 珏 珏 玤 珡 琴 琴

琴 琴 琴 琴
qín qín qín qín

钢琴
gāngqín
피아노

钢	琴
gāng	qín

唱
chàng

부를 창(唱)

(노래를) 부르다

丨 丨 丨 叮 吅 唱 唱 唱 唱

唱 唱 唱 唱
chàng chàng chàng chàng

唱歌
chàng gē
노래를 부르다

唱	歌
chàng	gē

歌
gē

노래 가(歌)

노래

一 一 一 一 司 哥 哥 哥 哥 哥 哥 歌 歌

歌 歌 歌 歌
gē gē gē gē

歌手
gēshǒu
가수

歌	手
gē	shǒu

保
bǎo

지킬 보(保)

보호하다, 지키다

丿 亻 亻 仃 仴 仴 仴 保 保

保 保 保 保
bǎo bǎo bǎo bǎo

保护
bǎohù
보호하다

保	护
bǎo	hù

齢
líng

나이 령(齢)

나이, 연령

丨 丨 止 止 止 齿 齿 齿 齢 齢 齢 齢

齢 齢 齢 齢
líng líng líng líng

保龄球
bǎolíngqiú
볼링

保	龄	球
bǎo	líng	qiú

球

qiú

공 구(球)

공, 구기 운동

一 二 千 王 王一 玗 玗 玗 球 球 球

球	球	球	球				
qiú	qiú	qiú	qiú				

足球
zúqiú
축구

足	球
zú	qiú

请	坐								
不	错								
谢	谢								
开	车								
游	泳								
弹	钢	琴							
唱	歌								
打	保	龄	球						

Track54

🔍 체크 체크 녹음을 잘 듣고 문장을 써보세요.

❶ 엄마는 중국 노래를 부를 줄 압니다.
엄마는 영어를 할 줄 모릅니다.

❷ 아빠는 요리를 할 줄 압니다. 아빠는 볼링을 칠 줄 압니다.
아빠는 피아노를 칠 줄 모릅니다.

❸ 형은 수영할 줄 압니다. 형은 중국어를 할 줄 압니다.
형은 요리를 할 줄 모릅니다.

❹ 누나는 영어를 할 줄 압니다. 누나는 피아노를 칠 줄 압니다.
누나는 운전할 줄 모릅니다.

我在开车。 나는 운전하고 있어요.
Wǒ zài kāi chē.

Track55

喂 wéi 여보세요	喂 wéi	

喂
wèi(wéi)

부르는 소리 외(喂)

어이, 이봐, 여보세요

丨 丨 口 口 口 叩 吧 吧 旭 喂 喂 喂

| 喂
wéi | 喂
wéi | 喂
wéi | 喂
wéi | | |

| **干什么?**
Gàn shénme?
뭐 하세요? | 干
gàn | 什
shén | 么
me |

干
gàn

줄기 간(幹)

하다

一 二 干

| 干
gàn | 干
gàn | 干
gàn | 干
gàn | | |

| **住在**
zhùzài
~에 살다 | 住
zhù | 在
zài |

住
zhù

살 주(住)

살다, 거주하다

丿 亻 亻 亻 住 住 住

| 住
zhù | 住
zhù | 住
zhù | 住
zhù | | |

| **附近**
fùjìn
부근, 근처 | 附
fù | 近
jìn |

附
fù

붙을 부(附)

덧붙이다, 접근하다

ㄋ 阝 阝 阦 阦 附 附

| 附
fù | 附
fù | 附
fù | 附
fù | | |

128

近
jìn
가까울 근(近)

가깝다
一 厂 斤 斤 斤 近 近

最近
zuìjìn
요즘, 최근

最	近
zuì	jìn

近	近	近	近
jìn	jìn	jìn	jìn

业
yè
업 업(業)

일, 직업
丨 丨丨 丷 业 业

作业
zuòyè
숙제

作	业
zuò	yè

业	业	业	业
yè	yè	yè	yè

跑
pǎo
달릴 포(跑)

달리다
丨 丨 口 口 尸 呈 写 呈 跑 跑 跑

跑步
pǎo bù
달리다, 조깅하다

跑	步
pǎo	bù

跑	跑	跑	跑
pǎo	pǎo	pǎo	pǎo

步
bù
걸음 보(步)

걸음
丨 丄 丄 止 此 歩 步

散步
sàn bù
산책하다

散	步
sàn	bù

步	步	步	步
bù	bù	bù	bù

休
xiū
쉴 휴(休)

쉬다, 휴식하다
丿 亻 仁 什 休 休

休息
xiūxi
쉬다

休	息
xiū	xi

休	休	休	休
xiū	xiū	xiū	xiū

息
xī

쉬다, 소식

丿 丆 甴 甶 自 自 息 息 息

숨 쉴 식(息)

息	息	息	息		
xī	xī	xī	xī		

消息
xiāoxi
소식, 정보

消	息
xiāo	xi

吉
jí

길하다

一 十 士 吉 吉 吉

길할 길(吉)

吉	吉	吉	吉		
jí	jí	jí	jí		

吉他
jítā
기타

吉	他
jí	tā

澡
zǎo

목욕하다

丶 丶 丶 氵 氵 沪 沪 沪 沪 澡
澡 澡 澡 澡 澡 澡

씻을 조(澡)

澡	澡	澡	澡		
zǎo	zǎo	zǎo	zǎo		

洗澡
xǐ zǎo
목욕하다

洗	澡
xǐ	zǎo

微
wēi

작다, 미세하다

丿 丶 彳 彳 徉 徉 徸 徸 微 微 微
微

작을 미(微)

微	微	微	微		
wēi	wēi	wēi	wēi		

微信
Wēixìn
위챗[중국의 메신저]

微	信
Wēi	xìn

信
xìn

믿다, 편지

丿 亻 亻 亻 仴 信 信 信 信

믿을 신(信)

信	信	信	信		
xìn	xìn	xìn	xìn		

写信
xiě xìn
편지를 쓰다

写	信
xiě	xìn

维	유지하다, 차원	二维码	二	维	码
wéi	㇌ ㇌ ㇌ ㇌ ㇌ 纠 纠 绊	èrwéimǎ	èr	wéi	mǎ
	绊 维 维	바코드			
벼리 유(維)	维 维 维 维				
	wéi　wéi　wéi　wéi				

码	숫자를 나타내는 부호 *석영의 일종	号码	号	码
mǎ	㇐ ㇐ ㇒ 石 石 矴 码 码	hàomǎ	hào	mǎ
		번호, 숫자		
마노* 마(碼)	码 码 码 码			
	mǎ　mǎ　mǎ　mǎ			

最	近							

作	业							

跑	步							

散	步							

休	息							

洗	澡							

체크 체크

녹음을 잘 듣고 문장을 써보세요.

Track56

❶ 아빠는 책을 보고 있습니다.

❷ 엄마는 설거지를 하고 있습니다.

❸ 남동생은 숙제를 하고 있습니다.

❹ 할아버지는 골프를 치고 있습니다.

❺ 동민은 조깅을 하고 있습니다.

힌트 洗碗 xǐ wǎn 설거지를 하다 | 打高尔夫球 dǎ gāo'ěrfūqiú 골프를 치다

맛있는 중국어 2

12 과

你吃过中国菜吗?
Nǐ chīguo Zhōngguó cài ma?
당신은 중국요리를 먹어 본 적 있어요?

Track57

尝 cháng
맛볼 상(嘗)

맛보다
丿 ㅣ ㅛ ㅛ 兴 尝 尝 尝
尝 尝

尝一下
cháng yíxià
맛보세요

尝	一	下
cháng	yí	xià

尝	尝	尝	尝
cháng	cháng	cháng	cháng

麻 má
삼 마(麻)

삼, 마
丶 亠 广 广 疒 疒 床 庥 麻 麻

麻辣
málà
맵고 얼얼하다

麻	辣
má	là

麻	麻	麻	麻
má	má	má	má

辣 là
매울 랄(辣)

맵다
丶 亠 立 立 辛 辛
辛 辛 辛 辣 辣 辣

辣椒酱
làjiāojiàng
고추장

辣	椒	酱
là	jiāo	jiàng

辣	辣	辣	辣
là	là	là	là

烫 tàng
데울 탕(燙)

데다, 뜨겁다
丶 丶 氵 汤 汤 汤 汤
烫 烫

麻辣烫
málàtàng
마라탕

麻	辣	烫
má	là	tàng

烫	烫	烫	烫
tàng	tàng	tàng	tàng

火 huǒ 불 화(火)	불 ヽ ソ ゾ 火	火 huǒ	火 huǒ	火 huǒ	火 huǒ	火车 huǒchē 기차	火 huǒ	车 chē

锅 guō 노구솥* 과(鍋)	냄비, 솥 *놋쇠나 구리쇠로 만든 작은 솥 ノ ト ゟ ゟ 钅 钌 钔 钔 钔 钔 锅 锅	锅 guō	锅 guō	锅 guō	锅 guō	火锅 huǒguō 훠궈[음식명]	火 huǒ	锅 guō

尝	一	下									

麻	辣										

辣	椒	酱									

麻	辣	烫									

火	车										

火	锅										

🔍 체크 체크 녹음을 잘 듣고 문장을 써보세요.

Track58

❶ 나는 이 책을 본 적이 있습니다.
나는 이 책을 본 적이 없습니다.

❷ 나는 영어를 배운 적이 있습니다.
나는 영어를 배운 적이 없습니다.

❸ 나는 중국요리를 먹어 본 적이 있습니다.
나는 중국요리를 먹어 본 적이 없습니다.

❹ 나는 프랑스에 간 적이 있습니다.
나는 프랑스에 간 적이 없습니다.

❺ 나는 골프를 쳐본 적이 있습니다.
나는 골프를 쳐본 적이 없습니다.

1 다음 한어병음에 해당하는 한자를 쓰세요.

❶ huílai ➡ _____   ❷ chūlai ➡ _____

❸ xièxie ➡ _____   ❹ kāi chē ➡ _____

❺ chàng gē ➡ _____   ❻ gāngqín ➡ _____

2 다음 한자의 한어병음을 쓰세요.

❶ 请坐 ➡ _____   ❷ 游泳 ➡ _____

❸ 附近 ➡ _____   ❹ 休息 ➡ _____

❺ 跑步 ➡ _____   ❻ 麻辣烫 ➡ _____

3 다음 문장을 중국어로 쓰세요.

❶ 말씀 좀 묻겠습니다. 여기에 화장실이 있습니까?

➡ _____

❷ 나는 운전할 줄 압니다. ➡ _____

❸ 나는 영어를 조금 할 줄 압니다. ➡ _____

❹ 그는 숙제를 하고 있지 않고, 그는 핸드폰을 보고 있습니다.

➡ _____

❺ 나는 훠궈를 먹어 본 적이 없습니다. ➡ _____

힌트 一点儿 yìdiǎnr 조금, 약간

13과

怎么去? 어떻게 가나요?
Zěnme qù?

Track59

气	기후, 공기	天气	天	气
qì	ノ ㅌ 与 气	tiānqì	tiān	qì
	气 气 气 气	날씨		
기운 기(氣)	qì　qì　qì　qì			

想	~하고 싶다	想看	想	看
xiǎng	一 十 オ 木 村 相 相 相 相 想	xiǎng kàn	xiǎng	kàn
	想 想	보고 싶다		
생각할 상(想)	想 想 想 想			
	xiǎng　xiǎng　xiǎng　xiǎng			

动	움직이다	运动	运	动
dòng	一 二 云 云 劭 动	yùndòng	yùn	dòng
	动 动 动 动	운동, 스포츠		
움직일 동(動)	dòng　dòng　dòng　dòng			

物	물건	动物	动	物
wù	ノ ㅗ ㅓ 牛 牛 牪 物 物	dòngwù	dòng	wù
	物 物 物 物	동물		
물건 물(物)	wù　wù　wù　wù			

园 yuán 동산 원(園)	공공장소, 밭 丨 冂 冂 冃 园 园	动物园 dòngwùyuán 동물원	动 dòng	物 wù	园 yuán
	园 yuán	园 yuán	园 yuán	园 yuán	

熊 xióng 곰 웅(熊)	곰 ㇉ ㇉ ㇃ ㇘ 育 育 能 能 能 能 熊 熊	熊猫 xióngmāo 판다	熊 xióng	猫 māo
	熊 xióng	熊 xióng	熊 xióng	熊 xióng

猫 māo 고양이 묘(猫)	고양이 ㇒ ㇆ ㇛ ㇜ 犭 犭 猫 猫 猫 猫	一只猫 yì zhī māo 고양이 한 마리	一 yì	只 zhī	猫 māo
	猫 māo	猫 māo	猫 māo	猫 māo	

骑 qí 말 탈 기(騎)	(동물이나 자전거 등을) 타다 ㇇ 马 马 马′ 马″ 骑 骑 骑 骑 骑	骑车 qí chē 자전거를 타다	骑 qí	车 chē
	骑 qí	骑 qí	骑 qí	骑 qí

自 zì 스스로 자(自)	자기, 스스로 ㇒ ㇆ 白 自 自 自	自行车 zìxíngchē 자전거	自 zì	行 xíng	车 chē
	自 zì	自 zì	自 zì	自 zì	

138

喜 xǐ 기쁠 희(喜)	기쁘다, 좋아하다 一 十 土 吉 吉 吉 吉 喜 喜 壴 壴 喜 喜	恭喜 gōngxǐ 축하하다	恭 gōng	喜 xǐ
	喜 xǐ	喜 xǐ	喜 xǐ	喜 xǐ				
欢 huān 기뻐할 환(歡)	즐겁다, 기쁘다 ㄱ ㄡ ㄡˊ ㄡˇ 欢 欢	喜欢 xǐhuan 좋아하다	喜 xǐ	欢 huan
	欢 huān	欢 huān	欢 huān	欢 huān				
地 dì 땅 지(地)	땅, 지방 一 十 土 圵 坩 地	地图 dìtú 지도	地 dì	图 tú
	地 dì	地 dì	地 dì	地 dì				
铁 tiě 쇠 철(鐵)	쇠, 단단하다 丿 ㄏ ㄏ ㄒ 钅 钅 钅 铉 铁 铁	地铁 dìtiě 지하철	地 dì	铁 tiě
	铁 tiě	铁 tiě	铁 tiě	铁 tiě				
共 gòng 함께 공(共)	함께, 전부 一 十 卄 艹 共 共	一共 yígòng 전부, 모두	一 yí	共 gòng
	共 gòng	共 gòng	共 gòng	共 gòng				

汽	증기, 기체					汽车		汽	车
qì	` 丶 冫 冫 汽 沪 汽 汽					qìchē 자동차		qì	chē
김 기(汽)	汽 qì	汽 qì	汽 qì	汽 qì					

摩	마찰하다, 비비다					摩托车		摩	托	车
mó	` 亠 广 广 庐 庐 庐 庐 庐 麻 麻 庲 麈 庱 摩					mótuōchē 오토바이		mó	tuō	chē
문지를 마(摩)	摩 mó	摩 mó	摩 mó	摩 mó						

托	받치다, 받쳐 들다					托福		托	福
tuō	一 十 扌 扌 扝 托					tuōfú 토플		tuō	fú
맡길 탁(托)	托 tuō	托 tuō	托 tuō	托 tuō					

飞	날다, 비행하다					飞机		飞	机
fēi	乁 飞 飞					fēijī 비행기		fēi	jī
날 비(飛)	飞 fēi	飞 fēi	飞 fēi	飞 fēi					

租	세내다, 임대하다					出租车		出	租	车
zū	一 二 千 禾 禾 利 和 和 租 租					chūzūchē 택시		chū	zū	chē
조세 조(租)	租 zū	租 zū	租 zū	租 zū						

船 chuán 배 선(船)	배[교통수단] ´ ⺆ ⺆ ⺆ ⺆ ⺆ 舟 舤 舩 船 船	坐船 zuò chuán 배를 타다	坐 zuò	船 chuán
	船 chuán	船 chuán	船 chuán	船 chuán

安 ān 편안할 안(安)	안정되다, 편안하다 ` ` 宀 宀 安 安	天安门 Tiān'ān Mén 톈안먼, 천안문	天 Tiān	安 ān	门 Mén
	安 ān	安 ān	安 ān	安 ān

门 mén 문 문(門)	문 ` ⼁ 门	门口 ménkǒu 입구	门 mén	口 kǒu
	门 mén	门 mén	门 mén	门 mén

场 chǎng 마당 장(場)	장소, 무대 一 十 土 圹 场 场	游乐场 yóulèchǎng 놀이공원	游 yóu	乐 lè	场 chǎng
	场 chǎng	场 chǎng	场 chǎng	场 chǎng

❶ 엄마는 기차를 타고 부산에 갑니다.

❷ 아빠는 비행기를 타고 미국에 갑니다.

❸ 동민과 샤오잉은 택시를 타고
천안문에 갑니다.

❹ 형과 여자 친구는 오토바이를 타고
놀이공원에 갑니다.

14 과

她喜欢什么颜色? 그녀는 무슨 색을 좋아하나요?
Tā xǐhuan shénme yánsè?

Track61

售 shòu
팔 수(售)

팔다
ノ イ イ ゲ ゲ ゲ 隹 隹 隹
售 售

售货员 shòuhuòyuán 판매원	售 shòu	货 huò	员 yuán

售 shòu	售 shòu	售 shòu	售 shòu

迎 yíng
맞이할 영(迎)

맞이하다
ノ ㇄ ㇇ 卬 卬 迎 迎

欢迎 huānyíng 환영하다	欢 huān	迎 yíng

迎 yíng	迎 yíng	迎 yíng	迎 yíng

光 guāng
빛 광(光)

빛, 풍경
丨 ⺌ ⺌ 业 光 光

光棍节 Guānggùn Jié 솔로의 날	光 Guāng	棍 gùn	节 Jié

光 guāng	光 guāng	光 guāng	光 guāng

临 lín
임할 림(臨)

이르다, 직면하다
丨 丨 ⺊ ⼴ ⼴ 贮 贮 临 临 临

光临 guānglín 오시다, 왕림하다	光 guāng	临 lín

临 lín	临 lín	临 lín	临 lín

颜
yán
얼굴 안(顏)

얼굴, 색
丶 亠 ㅗ 吂 产 产 彦 彦 彦 彦
彦 颜 颜 颜

颜色
yánsè
색깔

颜	色
yán	sè

颜	颜	颜	颜
yán	yán	yán	yán

色
sè
빛 색(色)

색깔, 모양
丿 ㄅ ㄅ 々 色 色

景色
jǐngsè
경치, 풍경

景	色
jǐng	sè

色	色	色	色
sè	sè	sè	sè

红
hóng
붉을 홍(紅)

붉다, 빨갛다
乙 纟 纟 纟 纟 红 红 红

红色
hóngsè
빨간색

红	色
hóng	sè

红	红	红	红
hóng	hóng	hóng	hóng

橘
jú
귤 귤(橘)

귤
一 十 十 木 杧 杧 杧 杧
杧 杧 橘 橘 橘 橘 橘

橘黄色
júhuángsè
주황색

橘	黄	色
jú	huáng	sè

橘	橘	橘	橘
jú	jú	jú	jú

黄
huáng
누를 황(黄)

노랗다
一 艹 艹 艹 艹 苦 苗 苗 黄 黄

黄色
huángsè
노란색

黄	色
huáng	sè

黄	黄	黄	黄
huáng	huáng	huáng	huáng

 绿 lǜ 푸를 록(綠)	푸르다 ⺱ ⺱ ⺱ 纟 纟 纣 纣 纣 纣 绿 绿	绿色 lǜsè 초록색	绿 lǜ	色 sè
	绿 lǜ	绿 lǜ	绿 lǜ	绿 lǜ

 蓝 lán 남빛 람(藍)	남색의, 남빛의 一 艹 艹 艹 艹 艹 蓝 蓝 蓝 苎 蓝 蓝 蓝	蓝色 lánsè 파란색	蓝 lán	色 sè
	蓝 lán	蓝 lán	蓝 lán	蓝 lán

 紫 zǐ 자줏빛 자(紫)	자색의, 자줏빛의 丨 ⺊ ⺊ 此 此 此 紫 紫 紫 紫 紫 紫	紫色 zǐsè 보라색	紫 zǐ	色 sè
	紫 zǐ	紫 zǐ	紫 zǐ	紫 zǐ

 棕 zōng 종려나무 종(棕)	갈색 一 十 才 才 才 杧 杧 栌 栌 柠 棕 棕	棕色 zōngsè 갈색	棕 zōng	色 sè
	棕 zōng	棕 zōng	棕 zōng	棕 zōng

 白 bái 흰 백(白)	희다 ⺍ ⺓ 冂 白 白	白色 báisè 흰색	白 bái	色 sè
	白 bái	白 bái	白 bái	白 bái

黑 hēi	검다 丨 冂 冂 冃 皀 里 里 里 里 黑 黑 黑	黑色 hēisè 검은색	黑 hēi	色 sè
검을 흑(黑)	黑 hēi · 黑 hēi · 黑 hēi · 黑 hēi			

灰 huī	재, 회색 一 ナ ナ 龙 灰 灰	灰色 huīsè 회색	灰 huī	色 sè
재 회(灰)	灰 huī · 灰 huī · 灰 huī · 灰 huī			

粉 fěn	가루, 분말 丶 丷 丷 ⺢ 米 米 米 粉 粉 粉	粉红色 fěnhóngsè 분홍색	粉 fěn	红 hóng	色 sè
가루 분(粉)	粉 fěn · 粉 fěn · 粉 fěn · 粉 fěn				

帽 mào	모자 丨 冂 冂 冃 ⺾ 帉 帽 帽 帽 帽 帽	帽子 màozi 모자	帽 mào	子 zi
모자 모(帽)	帽 mào · 帽 mào · 帽 mào · 帽 mào			

Track62

체크 체크 녹음을 잘 듣고 문장을 써보세요.

❶ 형은 파란색 옷과 흰색 모자를 좋아합니다.

❷ 여동생은 노란색 옷과 빨간색 책가방을 좋아합니다.

❸ 아빠는 회색 옷과 검은색 신발을 좋아합니다.

❹ 누나는 주황색 옷과 갈색 양말을 좋아합니다.

❺ 엄마는 분홍색 옷과 빨간색 지갑을 좋아합니다.

多少钱一斤? 한 근에 얼마예요?
Duōshao qián yì jīn?

Track63

苹				
píng	부평초 *네가랫과의 여러해살이 수초	苹果 píngguǒ 사과	苹 píng	果 guǒ
네가래* 빈(蘋)	一 艹 芒 芏 芏 荁 苹			

苹	苹	苹	苹	
píng	píng	píng	píng	

甜				
tián	달다	甜甜圈 tiántiánquān 도넛	甜 tián	甜 tián
달 첨(甜)	一 二 千 千 舌 舌 舌 甜 甜 甜 甜			圈 quān

甜	甜	甜	甜	
tián	tián	tián	tián	

少				
shǎo	적다	多少钱? Duōshao qián? 얼마예요?	多 duō	少 shao
적을 소(少)	丨 丿 小 少			钱 qián

少	少	少	少	
shǎo	shǎo	shǎo	shǎo	

斤				
jīn	근[무게의 단위]	一斤 yì jīn 한 근	一 yì	斤 jīn
근 근(斤)	一 厂 斤 斤			

斤	斤	斤	斤	
jīn	jīn	jīn	jīn	

块
kuài

흙덩이 괴(塊)

위안[중국의 화폐 단위]

一 十 土 圹 圹 坍 块 块

两块 liǎng kuài 2위안		两 liǎng	块 kuài
块 kuài	块 kuài	块 kuài	块 kuài

便
biàn

편할 편(便)

편리하다

*便宜 등 일부 단어에서는 'pián'으로 읽음

丿 亻 亻 仃 佰 佰 佰 便 便

方便 fāngbiàn 편리하다		方 fāng	便 biàn
便 biàn	便 biàn	便 biàn	便 biàn

宜
yí

마땅할 의(宜)

적합하다, 알맞다

丶 丷 宀 宀 宀 宜 宜 宜

便宜 piányi 싸다		便 pián	宜 yi
宜 yí	宜 yí	宜 yí	宜 yí

毛
máo

터럭 모(毛)

털, 마오[위안(元)의 10분의 1]

一 二 三 毛

三毛 sān máo 3마오		三 sān	毛 máo
毛 máo	毛 máo	毛 máo	毛 máo

卖
mài

팔 매(賣)

팔다

一 十 吉 吉 吉 专 专 卖 卖

买卖 mǎimai 거래, 매매		买 mǎi	卖 mai
卖 mài	卖 mài	卖 mài	卖 mài

草	풀					草莓		草	莓
cǎo	一 十 艹 艹 艹 芦 苕 苜 莒 草					cǎoméi		cǎo	méi
풀 초(草)	草	草	草	草					
	cǎo	cǎo	cǎo	cǎo					

莓	딸기					蓝莓		蓝	莓
méi	一 十 艹 艹 艹 芒 莒 苕 莓 莓					lánméi		lán	méi
딸기 매(莓)	莓	莓	莓	莓					
	méi	méi	méi	méi					

苹	果							

多	少	钱						

一	斤							

两	块							

三	毛							

便	宜							

Track64

🔍 체크 체크 녹음을 잘 듣고 문장을 써보세요.

350元/件

1.50元/支

50元/个

45元/本 10.50元/个

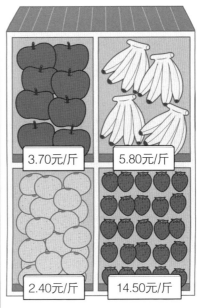

3.70元/斤 5.80元/斤

2.40元/斤 14.50元/斤

❶ 연필 한 자루는 1.5위안, 노트 한 권은 10.5위안, 모두 12위안 입니다.

❷ 인형은 하나에 50위안입니다.

❸ 옷 두 벌은 700위안입니다.

❹ 귤 두 근은 4.8위안, 바나나 한 근은 5.8위안, 모두 10.6위안입 니다.

힌트 橘子 júzi 명 귤

16 과

汉语难不难? 중국어는 어렵나요, 어렵지 않나요?
Hànyǔ nán bu nán?

Track65

难				
nán	어렵다		难过	
어려울 난(難)	フ ヌ 䴸 邓 邓 邓 苹 苹 难 难		nánguò	
			괴롭다, 슬프다	

难过 / nán / guò

难	难	难	难
nán	nán	nán	nán

容				
róng	받아들이다, 허락하다		容易	
얼굴 용(容)	㇋ ㇏ 宀 宀 宓 宓 突 突 容 容		róngyì	
			쉽다	

容易 / róng / yì

容	容	容	容
róng	róng	róng	róng

易				
yì	쉽다		易买得	
쉬울 이/바꿀 역(易)	l 冂 冂 目 戶 昊 易 易		Yìmǎidé	
			이마트	

易买得 / Yì / mǎi / dé

易	易	易	易
yì	yì	yì	yì

체크 체크 녹음을 잘 듣고 문장을 써보세요.

Track66

❶ 여동생은 동물을 좋아합니다. 그녀는 강아지를 사고 싶어 합니다.

❷ 아빠는 일본어를 배우고 있습니다. 그는 일본에 가고 싶어 합니다.

❸ 누나는 배고픕니다. 그녀는 밥이 먹고 싶습니다.

❹ 선생님은 졸립니다. 그녀는 커피가 마시고 싶습니다.

❺ 형은 피곤합니다. 그는 쉬고 싶습니다.

힌트 日语 Rìyǔ 몡 일본어

확인 테스트 8

1 다음 한어병음에 해당하는 한자를 쓰세요.

❶ xióngmāo ➡ _____　❷ xǐhuan ➡ _____

❸ fēijī ➡ _____　❹ hóngsè ➡ _____

❺ píngguǒ ➡ _____　❻ piányi ➡ _____

2 다음 한자의 한어병음을 쓰세요.

❶ 动物园 ➡ _____　❷ 自行车 ➡ _____

❸ 欢迎 ➡ _____　❹ 蓝色 ➡ _____

❺ 多少钱 ➡ _____　❻ 卖 ➡ _____

3 다음 문장을 중국어로 쓰세요.

❶ 나는 커피를 마시고 싶지 않습니다. ➡ _____

❷ 나는 자전거를 타고 등교합니다. ➡ _____

❸ 당신은 검은색을 좋아합니까? ➡ _____

❹ 이 옷은 얼마입니까? ➡ _____

❺ 한 근에 14.5위안입니다. ➡ _____

힌트 上学 shàng xué 동 등교하다

154

맛있는 간체자 5 같은 한자 다른 뜻

중국어를 공부하다 보면 우리가 쓰는 한자와 독음은 같은데 전혀 다른 뜻으로 쓰이는 경우가 있어요. 독음이 같다고 해서 그 뜻이 항상 같은 것은 아니니 주의하세요.

경리	🇰🇷 經理 경리	회계, 금전의 출납 따위에 관한 사무를 처리하는 사람
	🇨🇳 经理 jīnglǐ	(기업의) 책임자, 사장, 매니저
애인	🇰🇷 愛人 애인	연인
	🇨🇳 爱人 àiren	남편 또는 아내
기차	🇰🇷 汽車 기차	기차
	🇨🇳 汽车 qìchē	자동차
소심	🇰🇷 小心 소심	소심하다
	🇨🇳 小心 xiǎoxīn	조심하다, 주의하다
만두	🇰🇷 饅頭 만두	만두
	🇨🇳 馒头 mántou	소가 들어 있지 않은 찐빵
결실	🇰🇷 結實 결실	열매를 맺다
	🇨🇳 结实 jiēshi	① (신체가) 튼튼하다 ② 견고하다
고소	🇰🇷 告訴 고소	고소하다
	🇨🇳 告诉 gàosu	알리다
노파	🇰🇷 老婆 노파	늙은 여자
	🇨🇳 老婆 lǎopo	마누라, 처
반점	🇰🇷 飯店 반점	중국 음식을 파는 대중적인 음식점
	🇨🇳 饭店 fàndiàn	호텔, 레스토랑
방심	🇰🇷 放心 방심	방심하다
	🇨🇳 放心 fàng xīn	마음을 놓다, 안심하다

신문	🇰🇷 新聞 신문	신문
	🇨🇳 新闻 xīnwén	(신문이나 방송 따위의) 뉴스
점심	🇰🇷 點心 점심	점심(밥)
	🇨🇳 点心 diǎnxin	간식
사부	🇰🇷 師傅 사부	사부
	🇨🇳 师傅 shīfu	① 어떤 방면에 숙달한 사람, 기술자 ② (기능이나 기예를 전수하는) 스승, 사부
객기	🇰🇷 客氣 객기	객기(객쩍게 부리는 혈기나 용기)
	🇨🇳 客气 kèqi	① 예의가 바르다, 겸손하다 ② 사양하다
생기	🇰🇷 生氣 생기	생기(싱싱하고 힘찬 기운)
	🇨🇳 生气 shēng qì	화내다, 성내다
학원	🇰🇷 學院 학원	학원
	🇨🇳 学院 xuéyuàn	단과 대학
족구	🇰🇷 足球 족구	족구
	🇨🇳 足球 zúqiú	축구
수평	🇰🇷 水平 수평	수평
	🇨🇳 水平 shuǐpíng	① 수준, 정도 ② 수평
안색	🇰🇷 顔色 안색	안색(얼굴에 나타나는 표정이나 빛깔)
	🇨🇳 颜色 yánsè	색깔
안정	🇰🇷 安靜 안정	안정되다
	🇨🇳 安静 ānjìng	조용하다, 평온하다
질량	🇰🇷 質量 질량	질량
	🇨🇳 质量 zhìliàng	① (일이나 제품의) 품질 ② 질량

부록

- 정답
- 찾아보기

정답

 맛있는 중국어 Level ❶ | 첫걸음

01과 _17쪽

❶ nǐ hǎo
❷ nǐmen hǎo
❸ dàjiā hǎo
❹ nín hǎo
❺ māma
❻ bàba

02과 _20쪽

❶ máng / hěn máng
❷ gāo / hěn gāo
❸ ǎi / hěn ǎi
❹ kě / hěn kě
❺ è / hěn è
❻ lèi / hěn lèi

03과 _23쪽

❶ kàn / bú kàn
❷ tīng / bù tīng
❸ lái / bù lái
❹ gěi / bù gěi
❺ hē / bù hē
❻ mǎi / bù mǎi

04과 _27쪽

❶ xuésheng
❷ lǎoshī
❸ gōngsī zhíyuán
❹ Hánguórén
❺ Zhōngguórén
❻ Měiguórén

확인 테스트 1 _28쪽

1 ❶ 再见 ❷ 忙 ❸ 看
　❹ 喝 ❺ 学生 ❻ 老师

2 ❶ nín ❷ māma ❸ lèi
　❹ kě ❺ tīng ❻ Hánguórén

3 ❶ 你好! ❷ 你累吗?
　❸ 妈妈很忙。 ❹ 你听吗?
　❺ 爸爸不看。

05과 _33쪽

❶ bǐsà ❷ kělè ❸ miànbāo
❹ xiāngjiāo ❺ hànbǎobāo ❻ kāfēi
❼ niúnǎi ❽ píjiǔ

06과 _38쪽

❶ běnzi ❷ bēizi
❸ kuàizi ❹ shuǐguǒ
❺ wáwa ❻ wàzi
❼ yīfu ❽ shūbāo

07과 _42쪽

❶ xuéxiào ❷ túshūguǎn
❸ gōngsī ❹ yínháng
❺ yīyuàn ❻ chāoshì
❼ fànguǎnr

08과 _47쪽

❶ chuáng ❷ zhuōzi
❸ yǐzi ❹ diànshì
❺ diànnǎo ❻ kōngtiáo
❼ shǒujī

확인 테스트 2 _48쪽

1 ❶ 咖啡 ❷ 可乐 ❸ 书包
　❹ 学校 ❺ 桌子 ❻ 电脑

2 ❶ bǐsà ❷ xiāngjiāo ❸ túshūguǎn
　❹ chāoshì ❺ kōngtiáo ❻ chuáng

3 ❶ 你喝咖啡吗?
　❷ 爸爸吃面包。
　❸ 这不是书，那是书。
　❹ 妈妈去银行。
　❺ 你有手机吗?

09과 _53쪽

❶ 姐姐买，哥哥不买。
　Jiějie mǎi, gēge bù mǎi.
❷ 爷爷听，奶奶不听。
　Yéye tīng, nǎinai bù tīng.

❸ 弟弟吃，妹妹也吃。他们都吃。
　　Dìdi chī, mèimei yě chī. Tāmen dōu chī.

❹ 妈妈不喝，爸爸也不喝。他们都不喝。
　　Māma bù hē, bàba yě bù hē. Tāmen dōu bù hē.

❺ 奶奶不看，爷爷也不看。他们都不看。
　　Nǎinai bú kàn, yéye yě bú kàn. Tāmen dōu bú kàn.

10 과 _56쪽

❶ 手机非常贵，本子不贵。
　　Shǒujī fēicháng guì, běnzi bú guì.

❷ 面包很好吃，比萨不太好吃。
　　Miànbāo hěn hǎochī, bǐsà bú tài hǎochī.

❸ 弟弟非常饿，妹妹不饿。
　　Dìdi fēicháng è, mèimei bú è.

❹ 学生很困，老师也很困。
　　Xuésheng hěn kùn, lǎoshī yě hěn kùn.

❺ 啤酒不太好喝，咖啡也不太好喝。
　　Píjiǔ bú tài hǎohē, kāfēi yě bú tài hǎohē.

11 과 _60쪽

❶ 他说韩(国)语，老师说汉语。
　　Tā shuō Hán(guó)yǔ, lǎoshī shuō Hànyǔ.

❷ 妹妹吃蛋糕，弟弟吃面包。
　　Mèimei chī dàngāo, dìdi chī miànbāo.

❸ 爷爷喝啤酒，奶奶喝茶。
　　Yéye hē píjiǔ, nǎinai hē chá.

❹ 姐姐买衣服，哥哥买袜子。
　　Jiějie mǎi yīfu, gēge mǎi wàzi.

❺ 爸爸看电视，妈妈看书。
　　Bàba kàn diànshì, māma kàn shū.

12 과 _63쪽

❶ 东民的妈妈是护士。
　　Dōngmín de māma shì hùshi.

❷ 东民的爷爷是医生。
　　Dōngmín de yéye shì yīshēng.

❸ 她是东民的中国朋友。
　　Tā shì Dōngmín de Zhōngguó péngyou.

❹ 他是弟弟的老师。
　　Tā shì dìdi de lǎoshī.

❺ 她是哥哥的女朋友。
　　Tā shì gēge de nǚpéngyou.

확인 테스트 3 _64쪽

1 ❶ 贵　　❷ 汉字　　❸ 也
　 ❹ 非常　❺ 困　　　❻ 有意思

2 ❶ tāmen　❷ zuì　　❸ dàngāo
　 ❹ zuò cài　❺ xiě　　❻ hùshi

3 ❶ 我不买，她也不买。
　 ❷ 我不太困。
　 ❸ 哥哥喝中国茶。
　 ❹ 他是谁？
　 ❺ 妈妈不是医生，是护士。

13 과 _69쪽

❶ 爸爸去银行。
　　Bàba qù yínháng.

❷ 妈妈去书店。
　　Māma qù shūdiàn.

❸ 爷爷、奶奶去医院。
　　Yéye、nǎinai qù yīyuàn.

❹ 哥哥去星巴克。
　　Gēge qù Xīngbākè.

❺ 妹妹去麦当劳。
　　Mèimei qù Màidāngláo.

❻ 弟弟去网吧。
　　Dìdi qù wǎngbā.

14 과 _74쪽

❶ 他七点起床。
　　Tā qī diǎn qǐ chuáng.

❷ 他七点半吃早饭。
　　Tā qī diǎn bàn chī zǎofàn.

❸ 他十点上课。
　　Tā shí diǎn shàng kè.

❹ 他十二点半吃午饭。
　　Tā shí'èr diǎn bàn chī wǔfàn.

❺ 他两点下课。
　　Tā liǎng diǎn xià kè.

❻ 他四点半去麦当劳。
　　Tā sì diǎn bàn qù Màidāngláo.

❼ 他八点玩儿电脑。
　Tā bā diǎn wánr diànnǎo.

15 과 _77쪽

❶ 东民有弟弟，朋友没有弟弟。
　Dōngmín yǒu dìdi, péngyou méiyǒu dìdi.
❷ 奶奶有手机，爷爷没有手机。
　Nǎinai yǒu shǒujī, yéye méiyǒu shǒujī.
❸ 哥哥有中国朋友，姐姐没有中国朋友。
　Gēge yǒu Zhōngguó péngyou,
　jiějie méiyǒu Zhōngguó péngyou.
❹ 妹妹有娃娃，弟弟没有娃娃。
　Mèimei yǒu wáwa, dìdi méiyǒu wáwa.
❺ 我家有电视，朋友家没有电视。
　Wǒ jiā yǒu diànshì, péngyou jiā méiyǒu
　diànshì.

16 과 _81쪽

❶ 他有五个朋友。
　Tā yǒu wǔ ge péngyou.
❷ 老师有六本书。
　Lǎoshī yǒu liù běn shū.
❸ 妹妹喝两杯牛奶。
　Mèimei hē liǎng bēi niúnǎi.
❹ 哥哥吃三碗饭。
　Gēge chī sān wǎn fàn.
❺ 妈妈买一件衣服。
　Māma mǎi yí jiàn yīfu.

확인 테스트 4 _82쪽

1　❶ 网吧　　❷ 现在　　❸ 下课
　　❹ 补习班　❺ 三明治　❻ 铅笔

2　❶ Shǒu'ěr　❷ règǒu　　❸ shuì jiào
　　❹ duìbuqǐ　❺ qǐng　　❻ liǎng jiàn

3　❶ 我的鞋在哪儿?
　　❷ 我八点半上课。
　　❸ 你几点起床?
　　❹ 那儿有桌子和椅子。
　　❺ 我们喝两瓶啤酒。

맛있는 중국어 Level ❷ | 기초 회화

01 과 _88쪽

❶ 他姓李，叫李东民。
❷ 他姓王，叫王龙龙。
❸ 她姓怀特，叫安娜怀特。
❹ 她姓张，叫张小英。
❺ 他姓吐温，叫马克吐温。

02 과 _93쪽

❶ 她是韩国人。
❷ 他是英国人。
❸ 她是泰国人。
❹ 她是法国人。
❺ 他是中国人。

03 과 _97쪽

❶ 我家有六口人。我爸爸身体很好。
❷ 她家有三口人。爸爸、妈妈和她。
❸ 他有孩子。他有两个孩子。
❹ 我有兄弟姐妹。

04 과 _100쪽

❶ 他今年二十八岁。他在电视台工作。
　他是电视导演。
❷ 她今年二十六岁。她在医院工作。
❸ 他今年三十一岁。他在公司工作。
❹ 他今年二十岁。他是大学生。
❺ 她今年四十五岁。她是英语老师。

확인 테스트 5 _101쪽

1　❶ 名字　❷ 高兴　❸ 日本
　　❹ 身体　❺ 今年　❻ 工作

2　❶ rènshi　　❷ Xībānyá　❸ jǐ kǒu rén
　　❹ diànshìtái　❺ jǐ suì　　❻ xiōngdì

3　❶ 你叫什么名字?
　　❷ 我不是中国人，是韩国人。
　　❸ 我家有三口人。
　　❹ 你有兄弟姐妹吗?

160

❺ 他在医院工作，他是医生。

❹ 妈妈去商店买东西。
❺ 我给朋友打电话。

05과 _105쪽

❶ 衣服在床上边。
❷ 袜子在椅子下边。
❸ 书包在电视旁边。
❹ 娃娃在书包里边。
❺ 椅子在桌子前边。
❻ 小狗在桌子后边。
❼ 鞋在桌子下边。

06과 _110쪽

❶ 今天五月二十八号，星期四。
❷ 后天五月三十号，星期六。
❸ 爸爸的生日是五月十九号，星期二。
❹ 儿童节是五月五号，星期二。
❺ 母亲节[父亲节]是五月八号，星期五。
❻ 教师节是五月十五号，星期五。

07과 _112쪽

❶ 弟弟去学校上课。
❷ 妈妈去饭馆儿吃饭。
❸ 哥哥去图书馆借书。
❹ 姐姐去电影院看电影。

08과 _115쪽

❶ 弟弟在网吧玩儿电脑。
❷ 东民跟妈妈去商店。
❸ 妈妈给妹妹做蛋糕。
❹ 哥哥跟朋友们一起喝酒。
❺ 姐姐给爷爷打电话。

확인 테스트 6 _116쪽

1 ❶ 钱包　　❷ 邮局　　❸ 商店
　 ❹ 没关系　❺ 电影　　❻ 星期几

2 ❶ xiàbian　❷ pángbiān　❸ jǐ hào
　 ❹ kuàilè　 ❺ dōngxi　　❻ jiè shū

3 ❶ 邮局在银行旁边。
　 ❷ 今天几月几号?
　 ❸ 今天(是)星期天。

09과 _121쪽

❶ 弟弟上去。爸爸下去。
❷ 妹妹下来。
❸ 姐姐进来。
❹ 爸爸起床了。妈妈还没起床。
❺ 姐姐吃饭了。哥哥还没吃饭。

10과 _127쪽

❶ 妈妈会唱中国歌。妈妈不会说英语。
❷ 爸爸会做菜。爸爸会打保龄球。爸爸不
　 会弹钢琴。
❸ 哥哥会游泳。哥哥会说汉语。哥哥不会
　 做菜。
❹ 姐姐会说英语。姐姐会弹钢琴。姐姐不
　 会开车。

11과 _132쪽

❶ 爸爸在看书。
❷ 妈妈在洗碗。
❸ 弟弟在做作业。
❹ 爷爷在打高尔夫球。
❺ 东民在跑步。

12과 _135쪽

❶ 我看过这本书。我没看过这本书。
❷ 我学过英语。我没学过英语。
❸ 我吃过中国菜。我没吃过中国菜。
❹ 我去过法国。我没去过法国。
❺ 我打过高尔夫球。我没打过高尔夫球。

확인 테스트 7 _136쪽

1 ❶ 回来　　❷ 出来　　❸ 谢谢
　 ❹ 开车　　❺ 唱歌　　❻ 钢琴

2 ❶ qǐng zuò　❷ yóu yǒng　❸ fùjìn
　 ❹ xiūxi　　 ❺ pǎo bù　　❻ málàtàng

3 ❶ 请问，这儿有洗手间吗?
　 ❷ 我会开车。

❸ 我会说一点儿英语。
❹ 他没做作业，他在看手机。
❺ 我没吃过火锅。

❸ 你喜欢黑色吗?
❹ 这件衣服多少钱?
❺ 十四块五一斤。 또는 一斤十四块五。

13과 _142쪽

❶ 妈妈坐火车去釜山。
❷ 爸爸坐飞机去美国。
❸ 东民和小英坐出租车去天安门。
❹ 哥哥和女朋友骑摩托车去游乐场。

14과 _147쪽

❶ 哥哥喜欢蓝色的衣服和白色的帽子。
❷ 妹妹喜欢黄色的衣服和红色的书包。
❸ 爸爸喜欢灰色的衣服和黑色的鞋。
❹ 姐姐喜欢橘黄色的衣服和棕色的袜子。
❺ 妈妈喜欢粉红色的衣服和红色的钱包。

15과 _151쪽

❶ 一支铅笔一块五毛，一个本子十块五毛，一共十二块钱。
❷ 一个娃娃五十块。
❸ 两件衣服七百块。
❹ 两斤橘子四块八，一斤香蕉五块八，一共十块六。

16과 _153쪽

❶ 妹妹喜欢动物。她想买小狗。
❷ 爸爸在学日语。他想去日本。
❸ 姐姐很饿。她想吃饭。
❹ 老师很困。她想喝咖啡。
❺ 哥哥很累。他想休息。

확인 테스트 8 _154쪽

1 ❶ 熊猫　　❷ 喜欢　　❸ 飞机
　❹ 红色　　❺ 苹果　　❻ 便宜

2 ❶ dòngwùyuán　　❷ zìxíngchē
　❸ huānyíng　　❹ lánsè
　❺ duōshao qián　　❻ mài

3 ❶ 我不想喝咖啡。
　❷ 我骑自行车上学。

찾아보기

찾아보기

찾아보기

찾아보기

MEMO

MEMO

\ 100만 독자의 선택 /

맛있는 중국어 HSK 시리즈

기본서

▶ **시작**에서 **합격**까지 **4주** 완성
▶ 모의고사 동영상 무료 제공(6급 제외)
▶ **기본서+해설집+모의고사** All In One 구성
▶ 필수 **단어장** 별책 제공

맛있는 중국어
HSK 1~2급 첫걸음

맛있는 중국어
HSK 3급

맛있는 중국어
HSK 4급

맛있는 중국어
HSK 5급

맛있는 중국어
HSK 6급

모의고사

▶ 실전 HSK **막판 뒤집기!**
▶ 상세하고 친절한 **해설집** PDF 파일 **제공**
▶ 학습 효과를 높이는 **듣기** MP3 파일 **제공**

맛있는 중국어
HSK 1~2급
첫걸음 400제

맛있는 중국어
HSK 3급 400제

맛있는 중국어
HSK 4급 1000제

맛있는 중국어
HSK 5급 1000제

맛있는 중국어
HSK 6급 1000제

단어장

▶ 주제별 분류로 **연상 학습 가능**
▶ HSK **출제 포인트**와 **기출 예문**이 한눈에!
▶ **단어 암기**부터 HSK **실전 문제 적용**까지
  한 권에!
▶ 단어&예문 **암기 동영상** 제공

맛있는 중국어
HSK 1~4급 단어장

맛있는 중국어
HSK 1~3급 단어장

맛있는 중국어
HSK 4급 단어장

맛있는 중국어
HSK 5급 단어장

맛있는스쿨

THE 강력해진
FULL PACK 시리즈로
돌아왔다!

영어 인강 신규 론칭!

맛있는스쿨 ▼ 🔍

회원 가입만 하면 누구나 **72시간 전 강좌 무료** 수강!

영어
전 강좌

FULL PACK

토익, 회화, 비즈 등
영어 전 강좌 무한 반복 수강

중국어
전 강좌

FULL PACK

HSK, 회화, 어린이, 통대 등
중국어 전 강좌 무한 반복 수강

프리미엄
전 외국어

FULL PACK

중국어, 일본어, 베트남어,
스페인어 전 강좌 무한 반복 수강

맛있느 스쿨 ▶
www.cyberJRC.com

맛있는중국어와
카카오톡 플러스친구 맺으면
1만원 할인권 증정!

KakaoTalk ⓟ 플러스친구

친구 등록하고 실시간 상담 받기
@맛있는중국어JRC